以文化人
高职文化育人研究与实践

麻富游 ◎ 著

华中科技大学出版社
http://www.hustp.com
中国·武汉

内 容 提 要

文化是民族的血脉、人民的精神家园,作为一个国家、一个民族的灵魂,文化也是一所学校的灵魂。文化凝聚着学校的办学理念和教育特色,是学校赖以生存的根基,引领着学校的价值追求和行为导向。加强文化建设,发展有灵魂的教育,是亘古不变的主题。本书围绕"文化育人"主题,以一个一线思想政治教育工作者近30年的相关研究积累作为基础,结合宁波卫生职业技术学院文化育人实践,从理论与实践两个维度对高职文化育人做了研究与探索,重点从"人文教育:文化育人的关键""文化建设:文化育人的基础""精神培育:文化育人的核心"三个部分展开研究,既有理论思考,又有实践案例。希望本书的出版,对高校思想政治教育工作者以及高职文化育人工作具有一定的启发与借鉴。

图书在版编目(CIP)数据

以文化人:高职文化育人研究与实践/麻富游著.—武汉:华中科技大学出版社,2022.8
ISBN 978-7-5680-8464-2

Ⅰ.①以… Ⅱ.①麻… Ⅲ.①高等职业教育-文化素质教育-研究-中国 Ⅳ.①G718.5

中国版本图书馆 CIP 数据核字(2022)第 102606 号

以文化人:高职文化育人研究与实践 麻富游 著
Yiwenhuaren:Gaozhi Wenhua Yuren Yanjiu yu Shijian

策划编辑:张馨芳
责任编辑:苏克超
装帧设计:孙雅丽
责任校对:张汇娟
责任监印:周治超

出版发行:华中科技大学出版社(中国·武汉)　　电话:(027)81321913
　　　　　武汉市东湖新技术开发区华工科技园　　邮编:430223
录　　排:华中科技大学惠友文印中心
印　　刷:湖北金港彩印有限公司
开　　本:710mm×1000mm　1/16
印　　张:9.75　插页:2
字　　数:139千字
版　　次:2022年8月第1版第1次印刷
定　　价:68.00元

本书若有印装质量问题,请向出版社营销中心调换
全国免费服务热线:400-6679-118　竭诚为您服务
版权所有　侵权必究

前言
Foreword

何谓文化？古今中外，众说纷纭。单从词源来说，多数学者将之追溯自儒家经典作品《易传》。《易传·彖传上·贲》载："刚柔交错，天文也；文明以止，人文也。观乎天文，以察时变；观乎人文，以化成天下。"此处"文"与"化"虽分为两个词，但前者"天文"指的是文理表象的自然规律，后者"人文"则有"化育"之意，特别是将"人文"与"化成天下"相连，已充分彰显文化的文明教化、以文教化之义，意指对人施以文治教化，培养有教养的人。由此可见，文化的本义就是以文化人，以文化人的实质就是文化育人。

文化是民族的血脉、人民的精神家园。作为一个国家、一个民族的灵魂，文化也是一所学校的灵魂。文化凝聚着学校的办学理念和教育特色，是学校赖以生存的根基，引领着学校的价值追求和行为导向。加强文化建设，发展有灵魂的教育，是亘古不变的主题。高校肩负着人才培养、科学研究、社会服务、文化传承创新和国际交流合作的重要使命，能否有效传承创新文化，是高校履行职责的应有之义，更是创新思想政治工作的迫切要求。习近平总书记指出，做好高校思想政治工作，要更加注重以文化人以文育人。这为新形势下高校更好秉承文化育人理念，加强文化建设，进一步增强师生文化自信，落实立德树人根本任务、培养德智体美劳全面发展的社会主义建设者和接班人提供理念指引。

我国高职教育发展至今已走过四十多年历程，但大规模兴起则是近二十年内的事情，一路走来，从无到有，从弱到强，教育理念也在不断向前发展。从刚开始强调"高"、忽视"职"的"本科压缩饼干"式人才培养，到后来强调"职"、忽视"高"的"技能本位"人才培养，如今高职教育已步入内涵式发展阶段，高职人才培养既要强调"职"、又要重视"高"。随着全国职业教育大会的召开，发展本科层次高职教育已成为职业教育实现高质量发展的重要趋势，全国已有30余所职业院校更名为"职业大学"，高职教育有大学之名、更需有大学之实。在高职教育大发展的背景之下，高职院校要进一步坚守教育初心，坚定办学方向，坚持立德树人，自觉担负起"为党育人、为国育才"的历史使命，充分发挥文化的特殊价值和文化育人的独特作用，努力增强高职教育适应性，为中国特色社会主义事业培养更多高素质技术技能型人才，倡导并推进文化育人工作正当其时。

那么，何谓文化育人？学者们主要从大学文化的内涵出发来解读文化育人的内涵。其中吴清一在《论现代大学文化的本体功能及其维度》一文中，从以文化人的角度，强调大学文化育人实质上是有目的、有计划地以文化的方法、文化的内容、文化的态度等来育人，促进人的全面发展。韩延明在其论文《强化大学文化育人功能》中指出，育人功能是大学文化的本体功能，主要体现为导向功能、激励功能、价值认同功能和情感陶冶功能。陈秋明在《文化育人的独特价值》一文中认为，文化育人的本质在于"以人类文化的正向价值为导引，教化人走向道德、理性、真善美，从而实现立德树人的目标追求"。因此，文化育人的核心是以正向价值的文化教化人，目标是教人道德、理性、求真、崇善、向美。由此分析，高职文化育人，就是高职院校为适应产业升级、社会转型对高等院校人才培养提出的新要求，全面提升技术技能型人才培养质量和服务社会的能力，实现立德树人的根本任务，以高度的文化自觉推进文化育人，以文化引领技术技能型人才培养转型升级，在突出学生职业技能培养的同时，强化学生思想与职业道德、人文与科学素养、审美与文化品位等综合素质的提高。

  文化育人作为高校思想政治工作质量提升工程"十大育人"体系之一，其本身也是一个庞大复杂的体系。对于高职院校来说，文化育人既要体现高等教育的大学文化育人"共性"，更要彰显职业教育的职业文化育人"个性"。从内容维度来看，高职文化育人以产业和社会需求为导向，以人的全面发展为旨归，突出职业能力，提高思想与职业道德、人文与科学素养、审美与文化品位等综合素质，主要包括社会主义核心价值体系教育、中外优秀文化教育、职业素养教育、人文素质教育、创新创业教育、科学素养教育等。从方法维度来看，高职文化育人以学校文化建设、文化素质课程改革、专业文化建设、校园文化活动、社会实践、社团活动等为抓手，以政校行企联动、产教融合为重要路径，形成学校、政府、行业、企业共同参与，适应高素质技术技能型人才培养和富有高职院校特点的文化育人运行机制，同时还要结合各校的专业特色，形成具有各自学校特点的文化育人之路。当前，适值高水平学校和高水平专业群建设深入推进之际，开展高职文化育人的理论与实践研究，尤为重要。

  本书围绕"高职文化育人"主题，以一个一线思政教育工作者近30年的相关研究积累作为基础，结合宁波卫生职业技术学院文化育人实践，从理论与实践两个维度对高职文化育人做了研究与探索，重点从"人文教育：文化育人的关键""文化建设：文化育人的基础""精神培育：文化育人的核心"三个部分展开研究，既有理论思考，又有实践案例。在第一部分"人文教育：文化育人的关键"中，重点论述了高职院校开展人文素质教育的重要性和必要性，分析了高职院校人文素质教育存在的问题与现实困境，提出了基本策略与具体路径，其中特别就加强高职学生职业人文素质教育开展创新性研究，并对宁波卫生职业技术学院开展职业人文素质教育的经验与做法进行了介绍。

在第二部分"文化建设：文化育人的基础"中，从研究高职院校校园文化建设的特性入手，提出"职业性"是高职校园文化建设的首要特性，论述了高职院校校园文化打造职业特色的实现形式和构建基于职业特征的特色校园文化体系，重点基于思政教育视角对高职院校学生社团建设策略展开了研究，并对宁波卫生职业技术学院开展爱心文化教育的实践进行了探索。在第三部分"精神培育：文化育人的核心"中，从分析大学精神与大学发展着手，论述了高职院校精神的内涵、影响因素和培育路径，并从软实力视角对高职院校文化品牌建设策略展开研究，同时还重点就宁波卫生职业技术学院培育新时代卫生健康职业精神进行了研究与探索。

希望本书的出版，对高校思政工作者以及高职文化育人工作具有一定的启发与借鉴。为了表述需要，书中个别地方难免有重复之处，敬请谅解。限于时间与水平，有不足不当之处，敬请批评指正。

2022 年 5 月 20 日

目录 Contents

第一部分

人文教育：文化育人的关键 /1

第一章　人文素质教育，高职教育的应有之义 …………………… 3
　　第一节　人文精神——高等教育之灵魂 …………………… 3
　　第二节　高职院校人文素质教育的内涵特点 ……………… 5
　　第三节　人文素质教育，高职教育的题中应有之义 ……… 7

第二章　高职院校人文素质教育的现实困境 ……………………… 9
　　第一节　高职院校人文素质教育存在的问题 ……………… 9
　　第二节　高职院校人文素质教育的困境分析 ……………… 11

第三章　高职院校人文素质教育的理性进路 ……………………… 14
　　第一节　推进高职院校人文素质教育的基本策略 ………… 14
　　第二节　深化高职院校人文素质教育的具体对策 ………… 17
　　第三节　大力加强高职学生职业人文素质教育 …………… 25

实/践/探/索

　　软硬结合拓展阵地，内外联动以文化人
　　　——宁波卫生职业技术学院学生人文素质拓展工程 …… 29

第二部分

文化建设：文化育人的基础 /43

第四章　高职院校校园文化建设的特性 …………………………… 45
　第一节　职业性是高职院校校园文化建设的首要特性 ………… 45
　第二节　高职院校校园文化打造职业特色的实现形式 ………… 46

第五章　高职院校特色校园文化体系构建 ………………………… 49
　第一节　精神文化：塑造反映办学理念、体现职业特性的大学精神 …… 49
　第二节　物质文化：营造彰显学校精神、体现职业特征的环境氛围 …… 50
　第三节　制度文化：构造融合企业文化、体现职业特色的规章制度 …… 51
　第四节　行为文化：打造倡导行业规范、体现职业特点的文化活动 …… 52

第六章　高职院校学生社团建设策略 ……………………………… 54
　第一节　学生社团：高校思想政治工作的有效载体 …………… 54
　第二节　高职院校学生社团建设存在的问题 …………………… 56
　第三节　基于思政教育视角的高职院校学生社团建设策略 …… 59

实/践/探/索

　爱心文化，涵育天使
　　——宁波卫生职业技术学院爱心文化教育探索 …………… 62

第三部分

精神培育：文化育人的核心 /91

第七章　大学精神与大学发展 ……………………………………… 93
　第一节　大学与大学精神 ………………………………………… 94
　第二节　大学精神与大学发展 …………………………………… 95

第八章　高职院校精神培育路径 …………………………… 98
　第一节　高职院校精神的内涵 ……………………………… 99
　第二节　影响高职院校精神形成的主要因素 …………………… 101
　第三节　高职院校精神的培育路径 ………………………… 104
第九章　高职院校文化品牌建设策略 ……………………… 107
　第一节　品牌与高职院校文化品牌 ………………………… 108
　第二节　高职院校文化品牌建设中存在的主要问题 …………… 109
　第三节　基于软实力视角的高职院校文化品牌建设策略 ………… 111

实/践/探/索

塑仁心、强仁术、讲奉献、佑健康
——宁波卫生职业技术学院建设仁爱文化、培育职业精神的理论与实践
………………………………………………………………… 117

第一部分

人文教育：文化育人的关键

第一章 人文素质教育，高职教育的应有之义

人文素质作为一种基础性素质，它对一个人其他素质的形成与发展具有很大的影响力和极强的渗透性。加强学生人文素质教育，不仅能促使学生拓展人文知识、改善思维方式、培养人文精神，而且可以帮助引导学生思考人生的目的、意义与价值，发展人性，促进学生理想人格的形成和综合素质的提高。高职院校加强人文素质教育是高职教育的应有之义，事关党的教育方针的贯彻落实，事关高素质技术技能型人才的培养。

◆ 第一节 人文精神——高等教育之灵魂 ◆

人文精神是一种普遍的人类自我关怀，表现为对人的尊严、价值、命运的维护、追求和关切，对人类遗留下来的各种精神文化现象的高度珍视，对一种全面发展的理想人格的肯定和塑造。① 从某种意义上说，人之所以是万物之灵，就在于人有人文，有自己独特的精神文化。因此人文精神对于历史之进步、社会之运转是非常必需的。

---

① 什么是人文精神 [EB/OL]. http：//zhidao. baidu. com/question/74955662. html? fr=ala0.

教育与经济同样作为一种社会活动，其运动本质是一致的，教育为经济培养人才，经济为教育提供条件，所以，经济需要周期性调整，教育也需要阶段性反思。翻开历史，我们可以看到几次类似的境遇："20世纪30年代的世界经济大萧条，促使某些西方大学设置了通识教育课程；第二次世界大战之后，哈佛大学发表《自由社会中的通识教育》，杜鲁门总统高等教育委员会发表了《为了民主的高等教育》，促使通识教育在全世界广泛流行；20世纪70年代，针对严重的环境污染、生态破坏，在提出可持续发展理念的同时，西方有识之士呼吁要使科学教育人文化或人文教育与科学教育相结合。"① 21世纪对全球金融危机、新冠肺炎疫情暴发等事件的深刻反思，将是促使高等教育更加重视人文素质教育的契机。

21世纪是科技迅猛发展的世纪，同时也是高等教育需要反思的世纪。大学自诞生至今，尽管理念在不断发展演变，功能在不断丰富拓展，但大学教育育人的基本精神至今未变。大学为了实现自身价值，通过开展科学研究促进社会进步理所当然，通过服务社会推动经济发展也属本义。更为重要的是，大学教育不仅要教给学生较强的专业技能，而且要培育学生的健全人格，重视人文精神的传承。国学大师冯友兰在《论大学教育》中曾明确提出"君子不器"的主张，认为"大学不是职业学校，不只在训练职业人才教育"，"大学教育除了给人一专业知识外，还养成一个清楚的脑子、热烈的心"。② 我国力倡人文教育的潘光旦也认为："如果学校培养的只是有一技之长但无人文情怀而又自以为是的专家，这样的人只能是一个畸形的人、零碎的人、不健全的人。"③ 基于此，竺可桢提出要让工科学生广泛涉猎自然科学与人文科学领域知识，只有这样，才能"智识广博，而兴趣亦可盎然。若侧重应用的科学，而置纯粹科学、人文科学于不顾，这

---

① 潘懋元. 金融危机应引起高等学校对人文素质教育反思 [N]. 中国教育报, 2009-04-06.
② 麻富游, 王国荣. 大学精神与大学发展——兼论宁大精神的塑造 [J]. 宁波大学学报（教育科学版）, 2007 (6): 62-66.
③ 张汝伦. 我国人文教育的现状与出路 [N]. 文汇报, 2003-03-21.

是谋食而不谋道的办法"。① 因为，"大学之道，在明明德，在亲民，在止于至善"，大学是"育人"而非"制器"，大学教育的本质是育人，培育全面发展的人，这是大学之为大学的内在逻辑。"如果仅仅有科学教育而没有人文教育，人们只有'如何而生'，而没有'为何而生'的觉悟"②，"通过专业教育，他可以成为一种有用的机器，但是不能成为一个和谐发展的人"③。因此，高等教育应以追求人文精神、追寻生命意义、追问教育本质作为最高境界，将人文精神传承作为灵魂。

◆ 第二节　高职院校人文素质教育的内涵特点 ◆

大学生文化素质教育作为一个理论和实践问题，自提出以来，一直被探讨着、实践着，其内涵也在不断地丰富着。在教育部《关于加强大学生文化素质教育的若干意见》中，文化素质教育的重点是指人文素质教育，主要是通过对大学生加强文学、历史、哲学、艺术等人文社会科学方面的教育，同时对文科学生加强自然科学方面的教育，以提高全体大学生的文化品位、审美情趣、人文素养和科学素质。

人文素质，是指人们在人文方面所具有的综合品质或达到的发展程度④，是一个人成其为"人"和发展为"人"的内在品质。它主要包括人文知识、人文精神和人文思维等三方面内容。其中人文知识是人文素质的基础，主要包括文史哲、法律、艺术、宗教、道德等人文领域方面的基本

---

① 李成智. 大学理念与素质教育［M］//刘琅，桂苓. 大学的精神. 北京：中国友谊出版公司，2004.
② 杨德广. 教育新视野新理念［M］. 上海：上海教育出版社，2007.
③ 爱因斯坦. 爱因斯坦文集：第三卷［M］. 许良英，赵中立，张宜三，译. 北京：商务印书馆，1979.
④ 杨叔子，余东升. 人文教育：情感、责任感、价值观——兼论素质教育［J］. 教学研究，1999（4）：193-197.

知识和基本理论；人文精神是人文素质的核心，它是人文知识的升华，既融合于人文知识又超然于人文知识，如人文知识中的人生感悟、情感态度、价值判断等方面的哲理性观念，以及对人性哲思的批判精神等；人文思维是人文素质的外形，是人们用人性的理念、人文的方法来分析思考和处理解决问题时所体现出来的思想和方法。

　　人文素质的形成有赖于后天的教育。所谓人文素质教育，是指将人类的优秀文化成果和人文科学通过知识传授、环境熏陶，使之内化为一个人的人格、气质、修养，成为一个人的相对稳定的内在品格。① 通过人文素质教育，引导人们思考人生的目的、意义与价值，发展人性、完善个性，教育引导人们"学会做人"，做一个真正意义上的人、一个有修养的人、一个有益于人类发展的人。人文素质教育在不同的历史条件和不同的发展阶段，其内涵特点和表现形式往往不尽相同，但其基本精神大体一致，都是以强调人性教育、完善人格为宗旨，以注重实现和促进个体的身心和谐发展为目标。② 所以，开展人文素质教育，在加强人文知识学习和人文思维训练的同时，更要加强人文知识和技能的内化，即人文精神的培养和内在品质的提高。

　　高职教育，作为高等教育的重要组成部分，理应承担学生人文素质教育之职责，摒弃过度"工具理性"倾向，摆脱"重理轻文"定势，大力加强高职学生人文素质教育。同时，作为高等教育的一种类型，高职教育兼具"高等性"和"职业性"的双重属性，较之本科院校，有着自己的办学逻辑与教学规律，所以高职学生人文素质教育亦应与普通本科院校学生有所不同。高职学生人文素质教育的目的是提高学生的人文素养和综合素质，而不是为了培养人文领域的专门人才。因此，高职院校在开展人文素质教育时，要在培养学生具备一定的人文科学知识、人文关怀精神的基础上，努力做到"人文性"与"职业性"的有机结合，要重点培养学生的职

---

① 王义遒，金顶兵. 再论文化素质教育［J］. 高等教育研究，1998（2）：10-14.
② 胡显章，李曼丽. 文化素质教育与创造性培养［J］. 高等教育研究，2000（1）：43-46.

业人文素质，如职业道德、职业伦理、职业情操、职业理想、职业人格、职业荣誉、诚信意识、责任意识、纪律意识、人际沟通能力、团队合作精神、创业创新精神等。

◆ 第三节　人文素质教育，高职教育的题中应有之义 ◆

高职教育产生于由科技发展而带来的工业化，工业化起源于西方，其核心是技术理性主义文化，因而崇尚技术理性，倡导技术至上，缺乏人的主体性思维。在此语境下，我国高职教育不同程度地存在着重专业技术教育、轻人文素质培养的"工具理性"倾向，学校普遍存在重理轻文现象，文化氛围不浓、人文底蕴不深、文化品位不高，不少学生人文精神缺失、价值判断失衡、人格异化，成为只懂专业技术的"人力工具"，成为马尔库塞所说的"单向度的人"。因此，爱因斯坦早就提出："只用专业知识教育人是很不够的，通过专业教育，他可以成为一种有用的机器，但是不能成为一个和谐发展的人。"大学是"育人"而非"制器"，大学教育的本质就是育人，培育全面发展的人，这是大学之为大学的内在逻辑。因此，加强人文素质教育，防止高职院校工具理性的话语垄断，还原教育本质，恢复价值理性应有的地位，这是高职教育作为高等教育的题中应有之义。

高职教育姓"高"名"职"，因此，以就业为导向、以职业为本位，加强学生职业素质教育，是高职教育培养高素质技术技能型专门人才的现实选择。而加强人文素质教育，有利于凸显高职教育的"职业性"特色，有利于提高学生职业素养，有利于学生就业创业。现代科技的综合性、整体化发展趋势，使得科学技术与人文社会科学愈来愈相互结合和渗透。因此，要想较好地掌握现代科技与专业知识，没有一定的人文社科知识背景和文化底蕴是很难做到的。此外，劳动力跨行业、跨区域甚至跨国界的自由流动，传统的就业观、终身职业观向终身就业机会观和创业观的转变，均使得教育已经不能仅仅满足于学生的一次性成长与初次就业能力的获得，而应着眼于学生的终身性成长与可持续职业发展能力的培养和发展潜能的开发。人文素质作为专业素质等诸素质的基础，非但不与专业素质教育相矛盾，反而能促使其提高、深化。因此，加强人文素质教育，让学生在接受通识性、广博性和基础性人文社科教育基础上提高职业素质、获得可持续的职业发展能力，这是高职教育作为职业教育的题中应有之义。

第二章 高职院校人文素质教育的现实困境

随着我国对人文素质教育的逐步重视,特别是 1999 年全面推进素质教育以来,我国人文素质教育在本科院校取得了较大的成绩。相对于本科院校,高职院校尽管也日益认识到开展人文素质教育的重要性与必要性,在课程体系建设等方面开展了一定的探索与实践,但从总体上来讲,高职院校人文素质教育由于受教育理念、教育内容和教育方法以及师资队伍等多方面因素影响,实际效果并不十分理想,需要我们为之积极探索,做出不懈努力。

第一节 高职院校人文素质教育存在的问题

为深入推进高职学生人文素质教育,有必要对当前影响高职院校人文素质教育的突出问题和现实困境进行剖析与反思。概括而言,当前高职院校在人文素质教育中存在的问题,主要表现在以下几个方面。

一、在教育理念方面,缺乏基础地位与系统发展思想

由于过于强调专业技能培养,高职院校在办学理念上存在着明显的功

利思想与实用主义，重技能培养轻素质教育，工具理性倾向严重。许多高职院校没有将人文素质教育置于基础、优先发展地位而列入学校整体人才培养方案之中，人文素质课程可有可无，大量缩减。有些高职院校甚至将人文素质教育与专业技能培养相对立，导致人文素质教育与专业素质教育脱钩，既没有很好地在专业课教学中进行相互渗透，更没有与"工学结合"环节进行有机融合。

二、在教育内容方面，缺乏高职教育特点与特色

由于普遍受到本科院校通识教育的影响，高职院校人文素质课程内容呈泛化倾向，没有将其放在高职教育的维度之内、围绕高职人才培养目标来进行选取与设计（高职人文素质教育的目的是提高人才培养的综合素质，重点是培养学生的职业人文素质），因而缺乏高职教育特点与特色。比如体现职业特色的素质类校本课程开发明显迟缓，基于职业特征的诸如职业道德、行业精神与企业文化方面内容安排相对缺乏，等等。此外，教育内容较多地局限于外在、显性的人文知识传授，而忽视了内在、隐性的人文精神塑造与人文思维培养等。

三、在教育方法方面，缺乏人文知识内化的多元渠道

由于过于强调人文知识的学习与传授，过多考虑传统课堂教学（教室），高职院校人文素质教育的隐性课堂（环境）、活动课堂（校园）、实践课堂（社会）等方面开发不够。特别是针对高职学生在校学习时间短、校外实习实训时间多的特点，在专业课教学与实习实训环节渗透开展人文素质教育等方面的有效途径与方法探索较少，这也是直接影响当前高职学生人文素质教育实际效果的关键所在。人文素质教育的精髓在于通过对学生进行人文知识及人文实践方面的教育来塑造其人文思想及人文精神，只有内化为学生自身的素质才是真正的素质，没有内化的人文素质只是停留在知识层面，还没有真正体现为一种能力和素质，需要多渠道、全方位、

立体式的教育才能奏效。

四、缺乏一支数量足够、素质较高的人文素质教师队伍，这也是制约当前高职学生人文素质教育深入开展的重要瓶颈

目前，一般的高职院校人文方面的专职教师很少，就是加上全校党政管理队伍中的兼职人文教师，也难以较好地满足人文素质课程开设的要求。同时专业课教师整体人文知识欠缺、人文素质不高，难以真正做到在专业课教学中进行人文素质的教育与渗透。人文素质教育授课要求高，而学校又没硬性考核规定，教师缺乏教育内驱力，也直接影响着教师开展人文素质教育的积极性与实际教育教学效果。

◆ 第二节　高职院校人文素质教育的困境分析 ◆

通过前面关于高职院校人文素质教育存在问题的分析，可以判断当前影响高职院校人文素质教育的现实困境，主要体现在以下三个方面。

一、价值理性的失语

高职教育作为兼具高等教育与职业教育双重属性的特殊教育，所培养的学生不仅要适应生产、建设、服务和管理等方面的需要，而且应该是人格健全、全面和谐发展的"真正意义上的人"。从理论上讲，高职教育理应是工具理性与价值理性的有机统一体，然而在现实的教育实践中存在着明显的工具理性话语垄断现状。在人才培养模式上，过分强调"职业本位"，过于要求人才培养的专业性、技能性与应用性。在专业教育和专业设置上，普遍存在重理轻文现象，注重功用、实用，强调专业对口、学以致用。在课程建设和教学过程中也较普遍地存在重客观知识、轻个体知识，重技术效率、轻技术伦理，重物质效益、轻精神发展等问题。应该承认，凸显"职业性"，适度张扬工具理性，不仅是高职教育的办学特色，也是高职教育的显著特征，甚至可以说是基本特征，但绝对不是唯一特征，更不是本质特征。高职教育首先作为一种教育，不是职业培训，应以人的全面发展作为其价值理性。高职教育价值理性失语直接影响文化素质教育在高职院校应有地位的确立，必须予以警惕。

二、教育主体的错位

学生作为人文素质教育的主体，本是应然之事，然而在现实教育中，却存在着教育主体错位的现象。首先，从学校层面看，学校作为人文素质教育的高层组织，掌握着人文素质教育的最高话语权，然而在组织设计时，往往根据上级的"任务"要求或是出于学校"自身"需要、教育管理者的"个人"认识程度，一厢情愿地从教育者的理想出发，而不是根据学生的能力、需要等个体精神成长的内在需求，根据学生的兴趣、爱好与接受特点等来选取内容、设计载体和组织教育，学生的主体缺失现象明显。其次，从教师层面来看，由于人文素质教育授课要求高，而学校又没硬性考核规定，故教师缺乏教育内驱力，基本上是能开什么课就开什么课、能上到啥程度就上到啥程度，学生只不过是作为被动接受的教育客体而已。最后，从学生层面来看，学生没有真正意识到人文素质教育对于自身成长的重要性，而一味热衷于与就业直接有关的专业技能训练和考证考级，对于人文素质教育基本上是处于被动的客体地位和外部告知状态。教育主体的错位直接影响了人文素质教育的深入推进，值得密切关注。

三、课程建设的博弈

"无论什么样的教育理念和培养目标，最终都必须借助课程的方式才能实现。"① 然而高职院校人文素质教育课程建设在与专业课程建设的博弈中遭遇着尴尬的局面，既没有获得与专业素质教育相对等之主干课程待遇，更没有确立诸如哈佛通识教育之核心课程地位，就连基本课程体系也没有具体指向，不像思想政治理论课之于思想道德素质教育，公共体育课、心理健康教育课之于身心素质教育。总体而言，目前我国高职院校人文素质教育课程基本上还处在"因师资定课程""因课时定课程"的状况，课程内容也比较"杂、乱、散"。虽说设有必修课与选修课，但对于这些课的内容，无论是教师、学生还是学校都认为是可有可无的，学生听了只不过多点课外知识而已。在时间安排方面也不像专业课那样安排在黄金时段，要么是下午最后几节，要么安排在晚上和课余时间，而且基本没有考核。学生满意度不高，实际效果不好，需要总结反思。

---

① 张胤. "大学课程"：一个复杂性概念[J]. 江苏高教, 2004 (1)：76-79.

第三章 高职院校人文素质教育的理性进路

人文素质教育，作为一种教育思想和教育观念，体现了全面、协调、可持续发展的和谐理念，体现了知识、能力、素质的内在统一，体现了做人、做事、做学问的有机结合。高职院校如何深入推进人文素质教育，根据前面对于高职院校人文素质教育存在问题和现实困境的剖析，本章重点探讨相应的对策与举措。

第一节 推进高职院校人文素质教育的基本策略

一、"人的全面发展"是马克思主义学说的重要内容，是素质教育的核心，也是高职院校加强人文素质教育的逻辑起点

马克思恩格斯认为，人的全面发展既指人的体力、智力和思想道德等方面的全面发展，也指人的自由发展。而实现人的全面发展的关键是教育，教育不仅是提高社会生产的一种方法，也是造就全面发展的人的唯一

方法。① 高职教育亦不例外，也应担此重任，以"人的全面发展"作为教育的目标和归宿。对于高职学生来说，专业技术教育是立身之本，人文素质教育才是发展之路。随着现代科技的综合性、整体化发展趋势，要想较好地掌握现代科技与专业知识，没有一定的人文社科知识背景和文化底蕴是很难做到的。特别是随着传统就业观、终身职业观向终身就业机会观和创业观的转变，教育已经不能仅仅满足于学生的一次性成长与初次就业能力的获得，而应着眼于学生的终身性成长与可持续职业发展能力的培养。人文素质作为专业素质等诸素质的基础，非但不与专业素质教育相矛盾，反而能促进其提高与深化。因此，高职院校应切实转变理念（而不仅仅停留在口头上或表面上），真正将人文素质教育作为教育教学改革的重要切入点，全力提高人才培养质量。

二、课程是教育教学的基本载体，在教育教学中居于基础性地位，是加强高职学生人文素质教育的基础

课程建设一般包括课程目标的确定、课程内容的选择与组织、方法技术的采用、课程模式的构建、课程的评价等。其中，课程内容的选择是核心，课程模式的构建是关键。高职院校人文素质教育课程内容的选择首先要基于"人的全面发展"理念，从学生成长成才所"需"出发，选择那些具有人文价值旨归、有利于学生职业人文素质培养的内容，而不是仅从教育者自认为学生所"缺"来选择那些具有"补课"性质的内容，要体现适切性。其次，课程内容的选择还要依据课程所确定的目标来进行，以防止随意性。至于人文素质教育课程模式，不能也不必照搬照抄本科院校，而应从高职院校自身的特点出发，可采用"公共必修＋专业选修"的混合模式。② "公共必修"人文素质教育课程要"少而精"，要在一年级公共课中

---

① 马克思，恩格斯. 马克思恩格斯全集：第二十三卷［M］. 中央编译局，译. 北京：人民出版社，1972.
② 麻富游. 高职院校学生文化素质教育摭论［J］. 中国成人教育，2008（9）：95-96.

由全体学生必修，2~3门足矣；"专业选修"人文素质教育课程要体现学生职业素质培养，如职业知识的获得、职业能力的锻炼和职业人格的养成等（不同的高职院校可以有不同的职业素质要求），可在二年级专业学习时供学生选修，不同的专业也可以有不同的侧重。此外，在课程设计时，基于高职学生的学习能力与兴趣特点，可灵活设计诸如短小精悍的微型课程（6~12学时）、身体力行的体验课程、潜移默化的隐形课程等。

三、学生是人文素质教育的主体，他们的认知水平与接受程度将直接影响人文素质教育的实际效果，也将最终决定高职院校开展人文素质教育的成败与否

高职院校应根据学生发展的内在需求和现实人文素质教育水平，研究学生接受人文素质教育的规律与方法。当前特别是要基于学生的教育主体地位，努力设计构建出"第一课堂（教室）、第二课堂（校园）、第三课堂（社会）'三课堂联动'的，融人文知识学习、人文思维培养、人文精神塑造于一体，课内与课外相结合、校内与校外相结合、显性与隐性相结合"的适合高职院校特点的体现高职教育特色的人文素质教育模式，让学生能时时、处处受到教育，得到熏陶。作为学生，则要切实克服学习的功利、功用思想，充分认识开展人文素质教育对于自身成长成才的重要意义，自觉增强主体意识，积极、主动参与各种人文素质教育课程与活动。特别是要以主人翁的姿态投身于校园文化与社会实践这两个成长、成才的大舞台，切实从中长知识、增才干、受教育。

四、教师在学生人文素质教育中起着主导作用，是高职院校加强学生人文素质教育的关键

教师的天职是教书育人。教书育人不仅体现在知识的传承方面，还体现在教师对教学态度、问题的处理方式，以及对学生进行的世界观、人生观和价值观等方面的人文的隐性教育。① 因此，高职院校必须要构建起"全员育人、全程育人、全方位育人"的人文素质教育大格局，并建立相应的约束与激励机制，特别是要针对高职学生在校时间短（不可能像本科生那样进行系统的人文素质课程学习）与职业人文素质教育的内化要求，充分调动、发挥专业课教师在学生人文素质教育中的重要作用。实践证明，在专业课中渗透人文素质教育的有关内容，学生容易在潜移默化中接受与消化。至于如何渗透，关键要看专业课教师的人文底蕴与方法技巧。王义遒指出："把人文精神贯穿到专业课程教学中，我特意用了'渗透'这个词，这表明人文精神不是生硬地加到专业课中去，而是与专业内容融合在一起，浸润在专业知识中的。"② 因此，高职院校加强学生人文素质教育，首先要重视加强对专业课教师的人文教育，包括对他们进行质量观、学生观、人才观、价值观等高职教育教学观的教育。当然，引进与培养一定数量的专职人文教师首先是必需的，同时也是必要的。

人文素质教育，作为一种教育思想和教育观念，体现了全面、协调、可持续发展的和谐理念，体现了知识、能力、素质的内在统一，体现了做人、做事、做学问的有机结合。加强人文素质教育是高职院校贯彻党的教育方针，落实全国职业教育大会精神的客观要求，也是高职院校围绕"培养什么样的人，怎样培养人"这一根本使命的探索实践。

◆ **第二节　深化高职院校人文素质教育的具体对策** ◆

经过长期探索与实践，笔者提出以下深化高职院校人文素质教育的十大具体对策。

---

① 宋建军. 对高职院校人文素质教育现实意义的思考 [J]. 黑龙江高教研究，2007 (1)：95-97.
② 王义遒. 文化素质与科学精神——谈学论教续集 [M]. 北京：北京大学出版社，2003.

一、落实全面发展理念是核心

思想是行动的先导，有了认识上的深度，才可能有行动上的力度。任何一种教育，其终极目标都是为了促进和实现人的全面发展，高职教育也不例外，亦应以人的全面发展为最终目标和归宿。落实人的全面发展理念，是高职院校回答"培养什么样的人、怎样培养人"这个高职教育根本问题的逻辑起点，也是深入推进人文素质教育的核心所在。

纵观我国高校人文素质教育历程，不可否认曾有过重视人文教育的辉煌时期，但总体而言，"重理轻文"现象明显，尤其是高职教育。产生并服务于经济结构调整升级背景下的高职教育，在就业指挥棒的指导与作用下，"工具理性"倾向严重，普遍存在"重专业技术培养、轻人文素质教育"问题，导致所培养的学生人文关怀缺失、人格品性缺陷、社会适应能力与可持续发展能力缺乏。有些高职院校为了突显高职教育的职业专业教育特点，将人文素质教育与专业技术教育相对立而大量缩减人文类课程。爱因斯坦说过："只用专业知识教育人是很不够的，通过专业教育，他可以成为一种有用的机器，但是不能成为一个和谐发展的人。"对于高职学生，专业技术教育是立身之本，人文素质教育才是发展之道。

为此，我们必须牢固树立全面发展理念，以培养高素质技术技能型人才为目标，将人文素质教育置于基础乃至优先发展的战略地位，将之作为高职院校人才培养模式改革的重要切入点，大力加强人文素质教育。

二、提高综合素质能力是目标

高校开展人文素质教育，主要是通过对大学生加强文学、历史、哲学、艺术等人文社会科学方面的教育，同时对文科学生加强自然科学方面的教育，以提高全体大学生的文化品位、审美情趣、人文素养和科学素质。

高职教育，作为高等教育的一种类型，兼具高等教育与职业教育的双重属性，高职院校人文素质教育的目标既因人的全面发展相通于普通高等教育，又因专业技能培养而具有高职教育自身特点。作为培养面向生产、建设、管理和服务一线需要的高技能人才的高职院校，其人文素质教育的目标不是让学生继续深造而学习广博的人文知识，也不是把学生培养成为人文领域的专门人才，而是提高学生的人文素养和综合素质。

高职学生的综合素质能力涵盖的内容很多，诸如敬业精神、人文关怀精神、人际沟通能力、团队合作意识、创业创新能力、诚信意识、责任意识、纪律意识、职业道德等。在对一些用人单位的调查中，对于高职学生的素质能力，企业最为看重的是诚信品质、合作精神与沟通能力等。

三、培养职业人文素质是重点

职业性是高职教育区别于普通本科教育的显著特征。高职院校在实施人文素质教育时，要注重突显职业教育特色，将"人文性"与"职业性"相结合，重点培养学生的职业人文素质。

职业人文素质是指一个人对于某一职业所具有的体现在人文方面的综合品质或达到的发展程度，它主要包括职业理想、职业人格、职业精神、职业态度、职业心理、职业习惯、职业道德、职业伦理、职业情操、职业责任心和职业荣誉感等非技能性职业综合素质。对于高职学生，职业人文素质事关他们的职业认知水平与岗位适应状况，事关他们的职业生活与可持续发展。从一些走上工作岗位后的学生的职业发展情况来看，职业人文素质高的学生更易于适应岗位、胜任工作、融入企业，更易于为企业所接受，也更易于获得更多的发展机会。

当前，特别要加强对学生的职业精神培养与职业道德教育。职业精神与人们所从事的职业紧密相关，它反映着一个人为什么要从事某一职业和怎样从事这一职业等价值判断，它是一个人的世界观、人生观、价值观在职业活动中的综合体现，具有鲜明的职业特征。高职院校要培养学生具有与专业特点相对应的职业精神，以开启职业生涯，进而实现其职业理想。

职业道德作为职业生活中应遵循的一种基本道德，它是一个人在从事某一职业时要遵循的具有职业特征的道德要求和行为准则。时下，我们要对高职学生大力加强以"爱岗敬业、诚实守信、办事公道、服务群众、奉献社会"为主要内容的职业道德教育。

四、围绕学生成长成才是主体

学生是高校生存与发展的基础，也是人文素质教育的主体。他们的认知水平、需求状况与接受程度将最终决定高职院校开展人文素质教育的成功与失败。

首先，要引导学生充分认识人文素质教育对于自身发展的重要意义。切实增强学生的主体意识，让学生明白自己是学校的主人，是人文素质教育的主角，进而积极、主动、认真、自觉地参加各种人文素质教育的课程与活动。让学生克服功利思想，立足当前现状，着眼长远发展，全面提高自身的综合素质与可持续发展能力。

其次，要根据学生成长、成才与成功所需，选取人文素质教育的内容。开设的课程要有利于学生职业素质拓展，最好能结合学生的专业背景与职业生涯规划开设人文类校本课程。策划的活动要有利于学生人文精神培养，如隐性课堂、实践活动以及团队合作项目平台等。

最后，要尊重学生受教育的规律，设计适合高职学生人文素质教育的方法。从实践中探索出来的诸如专题讲座式、沙龙聚会式、实践感悟式、参与体验式等教学方法颇受学生欢迎，也取得了良好效果。另外，运用网络传媒等现代技术手段开展人文素质教育舞台广阔。

五、发挥教师育人职责是关键

百年大计，教育为本，教育大计，教师为本。教师是人文素质教育的实施者，教师自身的人文素质状况以及教育教学能力直接影响着人文素质教学效果的好坏，对高职院校人文素质教育水平的高低起着关键作用。

教师的天职是教书育人，教书育人不仅体现在知识的传承方面，还表现在教师对教学态度、问题的处理方式，以及对学生进行的世界观、人生观和价值观等方面的人文的隐性教育。为此，高职院校首先要努力提高人文教师的职业素养与综合素质，充分发挥他们在人文素质教育中的关键作用。通过人文教师的传道授业解惑与言传身教，来拓展学生知识视野、启迪学生思想进步，进而提高学生综合素质、引领学生全面发展。

实践证明，专业课教师在人文素质教育中起着至关重要的作用。专业课教师将人文素质教育的有关内容渗透到专业课教学中，学生在潜移默化中不知不觉地接受了教育，这样往往更易吸收与消化。至于怎样进行"渗透"，就要看专业课教师自身的人文底蕴以及方法与技巧了。王义遒指出："把人文精神贯穿到专业课程教学中，我特意用了'渗透'这个词，这表明人文精神不是生硬地加到专业课中去，而是与专业内容融合在一起，浸润在专业知识中的。"

六、完善课程结构体系是基础

课程是教学的基本载体，在教育教学中居于基础性地位，是高职院校深化人文素质教育的基础。

一是要开设一定数量的人文课程。高职院校要从提高学生文化品位、审美情趣、人文素养的要求出发增设必要的人文课程，这是深化人文素质教育的基础途径。课程不一定要求很多，但必须要从学生素质提升所"需"出发而不是从教师所"能"出发，最好能开设一些体现高职教育特点、有利于学生职业素质提升的校本课程，同时鼓励教师开设短小精悍、互动体验式的微型课程。

二是课程的结构要科学合理，符合高职教育特点。有些高职院校将人文素质课程分为核心课程与拓展课程两类；有些高职院校将人文素质课程分为思政类核心课程、通识类人文课程与素质类职业课程三类。不管是两类还是三类，从形式上看都是由必修课与选修课组成。其中，必修课要加强实践环节，理论以必需、够用为度，要"少而精"；选修课要体现学生职业人文素质培养要求，不同专业要有不同的侧重。

三是课程的体系要体现开放性、系统性。所设置的人文素质类课程（显性课程）要能与隐性课程相结合，与校内校外活动相融通。此外，整个体系还要能与其他教学环节相衔接，这样才能形成一个真正的、系统的人文素质教育教学体系。

七、实施课内课外联动是方法

知识靠传授，素质需养成。人文素质教育的精髓在于通过人文知识的学习，内化为学生自身的人文素养与综合素质，而不仅仅停留在课程知识学习层面。因此，要想使高职学生人文素质教育真正取得实效，需要实施课内课外联动，需要构建全方位、立体式的教育模式。

要实施多课堂联动。积极开发人文素质教育的隐性课堂（环境）、活动课堂（校内）与实践课堂（校外），并使之与课堂教学（教室）产生联动，努力增强教育教学效果。通过开发校园人文景点、校园文化环境来拓展隐性课堂的教育内容，通过开展讲座沙龙、学生社团、校园文化来丰富活动课堂的教育形式，通过假期社会实践、实习实训环节来延伸实践课堂的教育时空。

此外，我们还要基于多课堂联动构建高职人文素质教育模式。努力探索设计出"第一课堂（教室）、第二课堂（校园）、第三课堂（社会）'三课堂联动'，融人文知识学习、人文思维培养、人文精神塑造为一体，课内与课外相结合、校内与校外相结合、显性与隐性相结合"，适合高职院校特点，体现高职教育特色的人文素质教育模式，[①] 让学生随时随地都能得到熏陶、接受教育。

[①] 麻富游. 高职学生人文素质教育的困境及对策 [J]. 学校党建与思想教育，2012（3）：54-55.

八、建设素质拓展基地是载体

有效拓展人文素质，有时需要借助一定的实践实训基地。通过拓展基地的项目训练，可以增强学生的自信心、激发学生的个人潜能、磨砺学生的意志毅力，还可以提高学生的团队合作意识、沟通协调能力与解决问题水平。

大学生素质拓展基地主要包括场地类素质拓展基地、高空类素质拓展基地和水上类素质拓展基地。其中，场地类素质拓展项目主要有携手并进、礼让通行、徒手营救、信任背摔、手吊环桥、孤岛求生、盲目障碍、齐心协力、雷阵图、毕业墙等；高空类素质拓展项目主要有高空天平、绝壁逢生、缘分天空、天使之手、风雨绳桥、空高路、攀岩、速降等；水上类素质拓展项目主要有乘风破浪、平衡过桥、悬空渡河、智能大比拼、奥运向前冲、胜利在望等。

高职院校要努力创造条件，建设人文素质拓展基地。在校内建设素质拓展基地要根据学校实际情况与学生素质拓展的实际需求，最好能考虑到学生的专业特点与职业要求，以场地类素质拓展与高空类素质拓展为主进行规划设计。此外，还要积极开辟校外人文素质实践基地，如共建共享训练基地等。

九、建立科学考评机制是导向

人文素质看不见、摸不着，其教育效果具有潜隐性与不确定性。学生接受人文素质教育后，学习效果如何，到底学到了多少，素质提高了多少，很难有一个确切的考核评价。如何对人文素质教育进行科学有效考评，既是难点，也是导向。

首先，考评的标准要坚持多维度。目前，人文类课程，尤其是必修课程，大多采用期末考试（或以期末考试为主）的考评方式，考试通过笔试、开卷的方式进行。考虑到人文素质教育的特殊性，考评的形式应该多样化、多维度，可以是小论文，也可以是调研报告，还可以是学生的获奖作品等。此外，根据素质养成的规律，我们还可以采用一些主动性、表现性等学生自主性的考评方式，如学生可以用自己所取得的成就申请课程免试等。

其次，考评的过程要体现动态化。素质养成教育是一个不断内化、逐渐提升的过程。所以，人文素质教育考评要强调过程、体现动态，具体来说，就是要更加注重课堂表现、更加注重平时成绩、更加注重学生互评。要将学生在课堂上的回答问题等表现情况、平时完成调研论文等任务情况以及同学之间的相互评价等作为重要的依据，纳入综合考评。

最后，考评的结果要反映综合性。既要反映学生课程学习情况，又要反映学生活动参与情况，还要反映学生接受人文素质教育后素质拓展的总体情况。如有些学校根据人才培养要求，将人文素质分为德育、智育、组织活动能力、技能、创新能力、人际交往与心理健康等六个方面，分别赋予不同的分值进行量化测评，在毕业时，通过测评总成绩来发放高职学生人文素质教育养成证书。①

十、加大投入、加强管理是保障

为保障人文素质教育的顺利开展与有效推进，高职院校必须加大人文素质教育投入，同时加强人文素质教育管理。

（1）加大对人文素质教育的投入。一是要加大人力资源投入。引进必要的人文教师，加强对人文类师资的学习培训与进修培养，努力建设一支数量相当、学高身正的人文素质教育专兼职教师队伍，并积极改善他们的办公条件，提高他们的经济待遇。二是要加大财力资源投入。如设立人文素质教育专项经费，专门用于开展学生素质拓展与校园文化活动等。三是要加大物力资源投入。精心设计体现学校职业特点的人文景观，统筹布局

---

① 高永会. 高职院校大学生人文素质教育现状及对策研究［D］. 济南：山东师范大学，2008.

体现学校品位的校园人文环境，购置数量、种类充足的人文类图书与音像资料。

（2）加强对人文素质教育的管理。做到领导到位、机制到位、制度到位。要成立人文素质教育领导小组，指定分管领导、明确归口部门，统筹协调全校开展学生人文素质教育。要建立人文素质教育工作机制，努力形成"全员育人、全程育人、全方位育人"的人文素质教育大格局。还要制定出台人文素质教育相关规章制度，确保人文素质教育的顺利、有效开展。

◆ 第三节 大力加强高职学生职业人文素质教育 ◆

高职教育，作为高等教育发展中的一个类型，肩负着培养面向生产、建设、管理和服务第一线需要的高素质技术技能型人才的使命。为了培养高素质人才，对于高职院校来说，根据人才培养目标，必须大力加强学生职业人文素质教育。

一、加强学生职业人文素质教育：高职教育的当务之急

近年来，国家重视并大力发展职业教育，高职教育也由此驶入快速健康发展的轨道。"自变量"高职院校的快速增长，必然对"因变量"高职教育提出新的挑战。特别是在经济全球化、信息网络化、文化多元化背景下，面临国家、社会、公众等多方面的需求和期待，高职教育必须找准自己的定位，做出适切的应答，尤其是对"培养什么人、怎样培养人"这个高职教育根本性命题做出适切的应答。

我国高职教育取得了快速发展，为社会培养了一大批专业技术人才。但我国高职教育也的确不同程度地存在着重专业技术教育、轻人文素质

培养的"工具理性"倾向。学校普遍存在重理轻文现象，文化氛围不浓、人文底蕴不深、文化品位不高。不少学生人文精神缺失、价值判断失衡、人格异化，成为只懂专业技术的"人力工具"，成为马尔库塞所说的"单向度的人"。从理论上讲，高职教育理应是工具理性与价值理性的有机统一体，在现实的教育实践中却存在着明显的工具理性话语垄断现状。在人才培养模式上，过于要求人才培养的专业性、技能性与应用性。在专业教育和专业设置上，普遍存在重理轻文现象，注重功用、实用，强调专业对口、学以致用。在课程建设和教学过程中，也较普遍地存在重客观知识、轻个体知识，重技术效率、轻技术伦理，重物质效益、轻精神发展等问题。应该承认，目前我国的高职人才培养模式颇具特色，但也不可否认该模式因为过于强调专业技能而忽视了人文精神的培养。所以高职学生人文素质教育特别是职业人文素质教育已成为高职人才培养模式改革的"短板"，高职院校应加强加大力度，并将之作为当下高职教育的当务之急。

二、以职业精神培养与职业道德教育为重点开展职业人文素质教育

职业人文素质包括职业精神、职业态度、职业情感、职业心理、职业习惯、职业道德、职业责任心、职业荣誉感等非技能性职业综合素质，其中职业精神与职业道德尤为重要，应作为高职学生职业人文素质教育的重点。从一些用人单位的反馈来看，其对学生职业精神、职业道德等职业综合素质的要求，有时比对学生专业成绩、专业技能的要求更高，也更为看重。随着用人理念由"知识取向"向"能力取向""人格取向"转变，不少用人单位不再一味追求学历，而更为看重学生在职业精神和职业道德等方面的职业综合素质。因此，高职院校加强学生职业精神培养与职业道德教育，不仅事关学生毕业时的职业选择，而且事关学生今后的职业发展。

职业精神是与人们从事的职业及其活动紧密联系、具有自身职业特征的精神，表现为某一职业特有的精神传统和从业者特定的心理和素质。它

是从业者所必须具备的内在素质，是人们从事这一职业的根基，它与人生观、价值观和职业观紧密相连，反映着一个人为什么从事某一职业和怎样从事该职业等根本性的价值判断。因此，高职院校不仅要培养学生的职业技术应用能力，而且要培养学生具有与专业特点相对应的职业精神。职业道德作为社会公德的重要组成部分，它是从事一定职业的人在职业活动中应遵循的具有职业特征的道德要求和行为准则。高职教育面向社会职业，其培养目标要求学生一毕业就能够在基层一线投入工作，所以，加强对高职学生的职业道德教育就显得特别重要。当前尤其要大力倡导以爱岗敬业、诚实守信、办事公道、服务群众、奉献社会为主要内容的职业道德，以及以文明礼貌、助人为乐、爱护公物、保护环境、遵纪守法为主要内容的社会公德。

三、在专业课教学与实习实训环节渗透职业人文素质教育内容

实践证明，把职业人文素质教育的有关内容"渗透"到专业课教学与实习实训环节之中，是深入推进高职学生职业人文素质教育的有效途径（也是根本途径），而如何"渗透"，则要靠专业课教师的人文底蕴和教育的方式方法。王义遒指出，"把人文精神贯穿到专业课程教学中，我特意用了'渗透'这个词，这表明人文精神不是生硬地加到专业课中去，而是与专业内容融合在一起，浸润在专业知识中的"，由此可见教师在其中的作用。教师的天职是教书育人，"教书育人不仅体现在知识的传承方面，还表现在教师对教学态度、问题的处理方式，以及对学生进行的世界观、人生观和价值观等方面的人文的隐性教育"。教师的人文素质如何，直接影响着学生职业人文素质教育的成效，是高职学生职业人文素质教育的关键。因此，加强学生职业人文素质教育，首先要提高教师的人文素质与文化涵养。

此外，教育的方式方法也很重要。因为能力靠培养，而素质须养成，只有"随风潜入夜，润物细无声"般的潜移默化与长期熏陶，才能涵养出

较高的职业人文素质。实践中推行的诸如体验式、研讨式、启发式、案例式、实践式等互动性教学方法，能更有效地让学生在生动活泼、潜移默化中得到人文熏陶与境界提升，因而在职业人文素质教育中值得大力倡导与积极推广。

 实/践/探/索

软硬结合拓展阵地，内外联动以文化人
—— 宁波卫生职业技术学院学生人文素质拓展工程

> （原载周国明、任光圆《坚守与超越——宁波卫生职业技术学院转型发展探索》，高等教育出版社 2012 年版，标题为收录相关文章时所加）

学生人文素质拓展工程是宁波卫生职业技术学院（以下简称"学院"）人文社科部根据新一轮人才培养方案联同学院党委宣传部、学工部、团委等部门组织开展的一项特色工作。该项目（工作）紧密围绕学院人才培养目标，立足思政与公共素质教育平台，通过构建"思政类核心课程、通识类人文课程、职业类素质课程"三个层次的课程体系，打造"文化教育、主题活动、专题讲座"三个平台的活动体系，建设"书画工作室、歌舞排练室、形体训练室、影视音乐厅"（简称"三室一厅"）的硬件体系，全力提高学生综合人文素质，重点培养学生以"仁爱思想、健康理念、生命意识"等为核心要素的职业人文素质。项目实施以来，渐成体系、初显成效。

一、学生人文素质拓展工程实施背景与理念

（一）背景

时至今日，提出"加强学生人文素质教育"，几乎可以说是人人赞同的。人文素质作为一种基础性素质，它对一个人其他素质的形成与发展具有很大的影响力和极强的渗透性。加强学生人文素质教育，不仅能促使学

生拓展人文知识、改善思维方式、培养人文精神，而且可以帮助引导学生思考人生的目的、意义与价值，发展人性，促进学生理想人格的形成和综合素质的提高。随着我国对人文素质教育的逐步重视，特别是1999年全面推进素质教育以来，我国人文素质教育在本科院校取得了较大的成绩。相对于本科院校，高职院校尽管也日益认识到开展人文素质教育的重要性与必要性，也在课程体系建设等方面开展了一定的探索与实践，但从总体上来讲，高职人文素质教育由于受教育理念、教育内容和教育方法以及师资等多方面因素影响，实际效果并不十分理想。

宁波卫生职业技术学院作为一所培养应用型卫生技术与健康服务人才的高职院校（其前身是创办于1925年的宁波私立华美护士学校），办学历史悠久，人文底蕴深厚，一直注重学生人文素质培养。在2010年实施的新一轮人才培养方案中，学院明确提出"厚人文、明医理、强技能、高素质"的人才培养目标，实行"平台＋模块"人才培养模式，并在新一轮机构改革中单独设立人文社科部。

作为独立的下属二级教学单位，人文社科部自成立以来，紧密围绕学院人才培养目标，并根据自身定位，提出"以人为本、以文化人"的工作理念，同时立足思政与公共素质课程平台，研究探索适合学院学生人文素质教育的模式与方法，策划提出并组织实施了学生人文素质拓展工程。

（二）理念

1. 教育内容：重点培养职业人文素质

人文素质，是指人们在人文方面所具有的综合品质或达到的发展程度，是一个人成其为"人"和发展为"人"的内在品质。它主要包括人文知识、人文精神和人文思维等三方面内容。作为高等教育的一种"类型"，高职教育兼具"高等性"和"职业性"的双重属性，较之本科院校，有着自己的办学逻辑与教学规律，所以高职学生人文素质教育亦应与普通本科院校学生有所不同。高职学生人文素质教育的目的是提高学生的人文素养和综合素质，而不是培养人文领域的专门人才。因此，高职院校在开展人文素质教育时，要在培养学生具备一定的人文科学知识、人文关怀精神的基础上，努力做到"人文性"与"职业性"的有机结合，要重点培养学生的职业人文素质，如职业道德、职业伦理、职业情操、职业理想、职业人格、职业荣誉、诚信意识、责任意识、纪律意识、人际沟通能力、团队合作精神、创业创新精神等综合职业素质。

基于此，我们提出，学院学生的人文素质教育除了一般的人文科学知识教育外，重点是要培养学生的职业人文素质，其核心要素可概括为"仁爱思想、健康理念、生命意识"等。

2. 教育方法：三课堂联动

人文素质的形成有赖于后天的教育，通过人文素质教育，引导人思考人生的目的、意义与价值，发展人性、完善个性，教育引导人"学会做人"，做一个真正意义上的人、一个有修养的人、一个有益于人类发展的人。高职院校开展人文素质教育，在加强人文知识学习和人文思维训练的同时，更要加强人文知识和技能的内化，即人文精神的培养和内在品质的提高。所以人文素质教育的精髓在于通过对学生进行人文知识及人文实践方面的教育来塑造其人文思想及人文精神，只有内化为学生自身的素质才是真正的素质，没有内化的人文素质只是停留在知识层面，还没有真正体现为一种能力和素质，需要多渠道、全方位、立体式的教育才能奏效。

基于此，我们提出，学院学生人文素质拓展，须内外联动、多管齐下。通过打造"课程体系、活动体系、硬件体系"三个体系，构建第一课堂（教室）、第二课堂（校园）、第三课堂（社会）"三课堂联动"的，融人文知识学习、人文方法培养、人文精神塑造为一体，课内与课外相结合、校内与校外相结合、显性与隐性相结合，适合学院人才培养要求与特点的人文素质教育方法和模式。

二、学生人文素质拓展工程主要做法与成效

(一)"三个层次"课程体系有机结合

1. 思政类核心课程

学院现已开设"思想道德修养和法律基础""毛泽东思想和中国特色社会主义理论体系概论""形势与政策"等课程。其中,"思想道德修养和法律基础"作为校级精品课程,经过近三年的建设,渐趋规范。"毛泽东思想和中国特色社会主义理论体系概论"通过开展专题教学试点,不断提高教学效果。"形势与政策"采用专题讲座形式,作为必修课排进课表,及时跟进重大时政,实现常态化教学,从而实现思想政治理论教育的有力保障。人文社科部通过组织思政课教师赴湖州师范学院、湖州职业技术学院和宁波职业技术学院学习交流,与宁波城市职业技术学院开展主题研讨等,拓展了思路,为进一步加强和改进学院思政课建设提供了经验。

"毛泽东思想和中国特色社会主义理论体系概论"作为主干课程,重点做好教材体系向教学体系转换的总体设计,在内容安排上,将毛泽东思想和中国特色社会主义理论体系有机结合起来,既照顾理论体系,又突出教学重点、难点与热点,力求教学有的放矢,加强针对性;在教学实施上,开展专题式、案例式、互动式、研究式教学,充分调动学生的积极性、主动性和创造性;同时,精心设计了学习实践报告书,将实践教学与专题教学相结合。例如,人文社科部与校团委联合开展了"和谐社会DV主题作品大赛"作品征集活动,把"毛泽东思想和中国特色社会主义理论体系概论"课的实践教学与学院"2012年爱心文化节"进行对接,旨在让学生用自己的眼睛发现身边的故事,用自己的语言诠释真实、独特的生活,用自己的心灵感受社会之美、生命之美、人性之美。学生参与度高、受教深刻。

"思想道德修养与法律基础"积极开展课程教改探索,已于2012年9月实施的新方案,基于"大思政"理念与学生职业素养培养要求,根据学

院专业和学生实际，结合学院学生职业发展教育项目实施情况，把"基础"课教材内容重新进行整合优化，分成始业教育、爱国主义教育、生命教育、道德教育和法律教育五大板块，其中重点突出道德教育，并把生命教育和青春健康教育等富有学院特色的内容整合到课程中来。在具体课堂教学模式上注重发挥学生的主体性，采用案例式、活动式、情景模拟式、主题讨论式等多种教学方法，努力提高教学效果。在考核上，拟取消期末笔试考试，注重平时考核，将同学的德育考评也纳入课程考核。在教师队伍上，发挥专、兼任教师的特长，进一步整合资源，实现师资共享、项目共享、课程共享，实现"大思政"教育。

2. 通识类人文课程

现已开设的课程有"电影音乐""舞蹈""影视鉴赏""书法鉴赏""人际沟通""演讲与口才""宣传策划""大学语文""应用文写作"等，内容涵盖人文素质的诸多方面，基本满足学生选修需求，着力提高学生综合人文素养。

"大学语文"作为在护理专业和助产专业学生中开设的一门公共素质类课程，受众面广，是学院建设的重点。该课程运用古今中外丰富的文学、文化资源培养学生文化素质，激励情感，体验文学魅力，学习语言文学知识。课程遵循基础与多样选择统一的原则，构建开放有序的课程，注重审美与探究能力的培养，促进全面而有个性的发展，提高人文素质、提升职业素养。课程设计思路考虑到高职批次学生基本功不够扎实，语言文字运用不能得心应手，错误率高；对很多文学作品的学习还未转化成内在的思想和气质。基于这两点，在具体的教学过程中，首先，使学生认识汉语言的魅力和作用，能够规范地使用好汉语言；其次，坚持"文学是人学"的教学理念，突出学生的主体地位，尊重个性差异，通过对文学经典篇章的学习，更好地启迪学生对人生理想的思考与追求，增进其对现实与人生的理解，提高学生耐受困难的心理抗压能力，培养其思维的冷静和缜密；另外，使学生初步接受古今中外优秀文学作品的熏陶，学习领略"己所不欲，勿施于人""仁者爱人"等人文思想的深邃与光辉，培养学生的灵敏性和仁爱心，使学生尊重生命、尊重患者，从而提升学生的综合人文素质。

3. 职业类素质课程

现已开设的课程有"健康人文""心理护理""孕妇瑜伽""运动处方""形体训练""中西经典悲剧欣赏""职业发展"等。其中"健康人文"作为学院首批校本课程，通过教学团队建设、采用分段教学、自编讲义、实践活动等举措，得到了一定的加强，在2011年12月召开的课程建设研讨会上，得到了特邀专家东南大学何伦教授与浙江大学董恒进教授的肯定。"职业发展"则根据学院学生职业发展项目内容开设不同的课程，如"就业与创业指导"等。

"健康人文"是一门为从事健康服务的学生设置的人文类综合性公共必修课程，在学院营养、美容、口腔、检验、检疫、康复等专业开设。通过该课程的学习，使学生掌握健康相关的人文类知识，积淀人文素养，培养心理慰藉、人际沟通、法律维权和经济核算等能力，最终树立行业人文精神。该课程自编了教材。自编教材在内容的选取上，一是梳理医学史上的人文关怀案例，让学生阅读并学习，积淀人文素养；二是培养学生在健康服务过程中所具备的素养和能力，从学生未来的岗位需要出发，使其掌握相关知识，强化训练未来职业所需要的能力，为未来的岗位需要做准备。该课程自编教材适用于健康服务专业的所有学生，有较强的针对性。其中包括精心设计的实践教学环节，从而提高学生参与活动的兴趣，进一步规范实践教学活动，努力使学生在活动中学有所得、学有所悟、学有所感，进一步提高学生的人文素养和各种能力。为扩大学生的知识面和提升学生的自学能力，在每章内容后面，附有推荐阅读书目，以供学生延伸阅读。

(二)"三大平台"活动体系有效展开

1. 文化教育

作为学校文化艺术教育工作委员会办公室挂靠单位，人文社科部紧密围绕学校"厚人文、明医理、强技能、高素质"的人才培养目标，积极组建相关团队，进一步推进文化艺术教育教学，目前专职教师从2010年的2人增加到6人，所引进的中文、书法、舞蹈、音乐专业教师，具备硕士及以上学位或副高及以上职称，其中中国书法家协会会员1人、中国舞蹈家协会会员1人。在2010年12月与团委一道组建了多个文化艺术类学生社团，如合唱团、舞蹈队、健美操队、书画社、校园剧社等。同时，人文社科部还推荐了一批专职教师参与指导，以加强与提高相关学生社团的活动开展与质量提升，成绩斐然。

书画篆刻全面开花。2011年9月，杨信鸽老师与其指导的5名学生的书画作品一同入选宁波市教育系统第十一届艺术节师生美术作品展并获奖，参展作品已由浙江教育出版社出版。学院在此次美展上还被评为宁波市美术特色项目学校，体现了学院师生的美术创作实力和学院的人文素质教育水平。2011年11月，在浙江省第三届大学生艺术展演活动中，杨信鸽老师的论文《潘天寿中国画教学特色及其当代意义》荣获浙江省第三届高校艺术教育科研论文评比三等奖，徐婷婷同学的篆刻作品及吴志豪、徐信、李冶柔、陈楚悦同学的书法作品获得美术作品评比二等奖。据悉，浙江省大学生艺术展演活动从2005年开始，每三年举办一次，是全面展示和检验浙江省高校艺术教育教学质量、课外艺术活动水平的重要平台。

健美操队一枝独秀。2010年11月，由李霞老师指导的学院健美操队参加浙江省第十三届大学生运动会健美操比赛六个项目的竞赛并全部获奖。其中，六人轻器械操获冠军，六人徒手操获亚军，组合操获亚军，八人拉拉操获第四名，张弛获男子单人操亚军，江蓬获女子单人操第八名。同时，学院健美操队获得了"乙组第四名"的优异成绩，李霞老师和江蓬分别获得优秀教练员和优秀运动员称号。2011年10月，学院健美操队在全国健美操联赛（温州站）上与来自全国各地的153支队伍近1200人角逐，荣获了普及大学组的小集体有氧舞蹈（自选）项目二等奖和小集体轻器械（自选）项目二等奖。2011年6月，学院人文社科部申报的健美操项目获评第二批浙江省高校体育特色项目并立项。据统计，在全省开设有健美操项目的高校中，仅有5所高校获得浙江省高校体育健美操特色项目立项，学院是其中唯一一所高职院校。

2. 主题活动

思政教育主题实践活动。2010年12月，人文社科部在雅戈尔老年乐园建立了社会实践基地。该基地的建立，成为增强思政理论课实效性的有益探索，成为提升学生人文素养、道德修养和实践沟通能力的重要渠道，受到鄞州电视台黄金新闻栏目《鄞视报道》播报。2011年6月，人文社科部精心筹备组织了"情暖夕阳"服务队，在鄞州区雅戈尔老年乐园开展暑期社会实践活动。内容主要包括乐园老年人主观幸福感调查、老年人健康知识宣教、协助乐园举办红歌大合唱以及陪老人谈心等。本次实践活动为老人们提供了人文关怀，为社会弘扬了爱心文化。

"健康人文"主题教育活动。2011年10月开始，人文社科部与宣传部、学工部一道组织开展"健康人文"主题教育活动，内容主要有人文系列图书展、"寻找医学人文领域的精神领袖"演讲比赛、"医学人文与人文医学"专题讲座、人文电影周等。如2011年11月，由宣传部和人文社科部共同举办的"寻找医学世界的精神领袖"演讲比赛，参赛选手紧扣主题，结合医学界的精神领袖的人格风范，畅谈在未来的职业生涯中如何学会对服务对象实施人文关怀，展现了当代大学生的风采。通过活动，进一步提升了学生的人文素养，积淀了学生的人文内涵。

文化传承"推普"系列活动。由人文社科部牵头组织的学院2011年度"推广普通话宣传"系列活动内容丰富，成效明显。如"推广普通话、规范语言文字"宣传工作，全国学生规范汉字书写大赛选拔工作，走进社会的"规范汉字啄木鸟"行动，以及"中华诵·经典诵读"大赛，等等。

其中"中华诵·经典诵读"大赛（2011年11月），全校共有22名选手16个朗诵节目进入决赛参与最终角逐。选手们的朗诵作品以传统经典和红色经典诗文为主，选手用声音诠释出经典诗文的美感，引领现场师生追溯传统文化、重温峥嵘岁月。整场比赛让听众们受到了人文熏陶，是一场高雅艺术盛宴。此外，学院选送的学生王佳静荣获2011年浙江省推广普通话形象大使选拔大赛暨第四届浙江省大学生中华经典诗文诵读大赛优胜奖。

"青春健康教育"（学工部组织）与"生命关怀活动"（护理学院组织）。"青春健康教育"是学工部根据学院女生占绝大多数的实际情况，面向全体学生开展的一项主题教育活动。通过开展宣传性健康知识、生活技能培训、同伴教育和"知心导师"服务等，"使每位学生受益终身"并已延伸至社会。学院已成为宁波市"国家青春教育"试点单位，宁波市首批"青春教育进校园"的学校之一。学院尹幼明老师在应邀参加的中国计生协第七次全国大会上荣获"国家计生协志愿者（青春健康项目）先进个人"称号，受到中央领导的亲切接见。护理学院"爱心天使"生命关怀服务队通过挖掘品牌效应、拓展服务基地、规范服务管理、加强生命教育宣传、营造爱心文化氛围，着力打造一支富有文化内涵的"爱心天使"志愿者队伍，从在医院的服务到现在扩展到敬老院、社区等地，参与服务的志愿者队伍在不断壮大，服务范围在不断延伸，服务的影响力在不断扩大。两个项目经过多年的培育，成效明显、影响较大。其中"青春健康教育"获得学院第二届教学成果一等奖，宁波市第七届高校教学成果三等奖，学院被列为宁波市、鄞州区青春健康基地；"爱心天使"生命关怀服务队获"2010年感动宁波高校十大人物"提名奖、第三届中华慈孝节"宁波市十大慈孝人物"奖、第三届中华慈孝节"中华十大慈孝"提名奖（成为全国唯一获此殊荣的高校）。

长期以来，学院积极引导学生发挥专业特长，通过校外一系列主题教育实践活动，培养学生职业人文素养。如学院200余名学生作为西门街道注册义工，连续多年对街道居民开展推拿按摩、计算机运用、居家养老等义工服务而荣获海曙区西门街道"热心公益事业兰花奖"。还有学院与江北区民政局、江北团区委三方共同建设的"孝心助老"学生志愿服务项目，学院"长青藤"老年健康服务小分队的学生每周都奔赴各大"助老超市"开展专业服务活动等。2012年三八妇女节，20多名医疗美容技术专业的学生志愿者到首南街道学府社区开展志愿者服务，她们用自己的巧手为居民们改变形象，增加她们对生活工作的信心，同时也传授她们科学美容护肤的知识。2012年"世界睡眠日"，学院学生志愿者积极参与宁波市心理卫生协会举办的"健康睡眠，幸福中国"大型宣传活动，等等。一项项社会活动，扎实有效开展，成为培养学院学子"仁爱思想、健康理念、生命意识"的第三课堂。

3. 专题讲座

"周三人文讲坛"是人文社科部围绕学生人文素质拓展工程特别策划推出的一个品牌讲座，旨在通过开展多方面的人文讲座，丰富学生综合文化知识，涵育学生职业人文素养，最终达到"以人为本、以文化人"的目的。2011年11月，浙江师范大学张志攀教授应邀为学院师生作了题为"写字与书法"的讲座。讲座现场，场面火爆，不仅座无虚席，连门边都站满了来听讲座的同学。在两个多小时的讲座中，师生们为艺术的魅力所深深吸引，聚精会神，不时为张志攀教授精彩的讲解爆发出热烈掌声。2012年5月，宁波大学人文与传媒学院院长陈君静教授作了题为"传统文化与人生境界"的讲座。讲座中，陈君静教授以他丰厚的学识修养、幽默睿智的话语，图文并茂、深入浅出地讲述了中国传统文化中"儒、释、道"三足鼎立的格局，并归结到不同层次的人生境界的讲授中，使学院学子受到文化熏陶和人生指引。

系列讲座，精彩纷呈。2011年4月，由学院学工部牵头组织，学生职业发展教育项目生命教育模块之"爱的巡讲"系列讲座拉开序幕。"爱的巡讲"首讲特邀宁波市"自学成才"先进个人陈云老师开讲。2011年4月，为做好全国第三届大学生艺术展演活动选拔赛工作，进一步提高学院参赛学生作品的质量,特邀中国书法家协会会员、宁波市书法家协会创作委员会副秘书长夏军寅老师作了题为"从临摹到创作"的中国书法专题讲座。2011年11月,东南大学医学人文学系主任何伦教授,浙江大学公共卫生学院董恒进教授应邀作了"医学人文与人文医学"专题讲座。2012年4月,教育部高校心理健康教育专家指导委员会委员、中国大学生心理咨询专业委员会副主任、浙江省高校心理健康教育研究会理事长、浙江省高校心理咨询专业委员会主任委员、浙江大学心理健康教育与咨询中心总督导、博士生导师马建青教授为学院师生作了题为"大学生心理危机案例剖析与应对"的专题讲座。众多讲座,围绕"仁爱、健康、生命"主题,为学院学子带来智慧启迪与心灵涵育。

(三)"三室一厅"硬件体系有力支撑

1. 书画工作室

2011年4月新建的书画工作室,位于A4报告厅2楼(人文素质拓展中心艺术分中心)。特别邀请到云南艺术学院院长吴卫民教授,浙江师范大学张志攀教授等美术教育专家亲临指导。设有专门的书画桌,笔墨纸砚等书画工具一应俱全,并精心设计制作出师生优秀作品展示墙——"美苑",营造出厚重大气的文化氛围,陶冶情操。以建设此人文素质拓展中心艺术分中心为契机,选派杨信鸽老师作为指导老师组建了杏林书社和凤凰印社。自2010年9月以来,精心选拔学生加入两个社团,执行书画工作室导师制度、学生管理制度、值班制度,并为每位社员制定系统的书画、篆刻学习方案,并因材施教,实施个性化辅导,使社员们学习热情高涨,进步明显,美术教育初见成效。

2. 歌舞排练室

位于A4报告厅2楼(人文素质拓展中心艺术分中心),于2011年4月新建,经过专业设计,专门配备钢琴、电视机、组合音响、练习立镜墙、合唱台阶、空调等,室内地板以橡塑地板胶作为铺垫,执行借用登记制度,用于开展艺术类选修课、学生歌舞排练、形体训练、学生艺术类社团活动、教师文体活动彩排、礼仪训练等，利用率很高，成为提高师生艺术修养、肢体语言灵动飞扬的舞台。

3. 形体训练室

位于学院体育馆内二楼。形体训练室主要是针对学生的形体和姿态进行训练，以达到塑造形体、训练仪态及培养学生高雅优美的身体姿态和良好的道德品质的目的，为将来从事健康服务工作奠定基础。形体训练教育的定位是塑造形体形象、提升职业素养、服务专业。通过高职形体教育，使学生身心健康，掌握形体活动能力和科学健身的方法，练就高雅气质、体现职业精神，为胜任将来的工作提供保证。目前已经取得了非常好的教学效果。但场地空间有限，尚须改造升级。

4. 影视音乐厅

已被列为学校第一批建设项目。人文社科部已书面申请建议改造A4报告厅，通过购置必要的影视播放专业设备和适度装修改造，建设融影视播放与音乐欣赏为一体的教育教学中心。建成后，与书画工作室、歌舞排练室融为一体，便于A4楼的整体布局与统一策划布置，成为学校人文素质拓展的重要基地。

目前，"三室一厅"已初具规模，通过抓紧建设与不断完善，能较好地为学生人文素质发展提供有力的硬件支撑，并与学院心理健康指导中心、理实一体化开放式工作室等其他阵地有机结合，与在校外建立的各种社会实践基地有机结合，共同构建起立体式的学生人文素质拓展工程硬件体系。

三、学生人文素质拓展工程深化思路与举措

（一）课程建设

论证开设教学灵活、短小精悍、深受学生喜爱的微型选修课。下一步拟通过开设"国学经典""戏曲鉴赏""名家美术作品赏析""中国书法技法与实践""规范汉字"等通识类人文课程，以及"音乐治疗""胎教音

乐""美术治疗""拉丁健身操"等职业类素质课程，初步形成较为完整的"思政类核心课程、通识类人文课程、职业类素质课程"三个层次的课程体系。

深化"思想道德修养与基础""健康人文"等课程的教学改革。与学生职业发展项目相对接、整合优化相关内容，使之成为有机整体。不断加强校本课程与特色课程建设。

（二）活动打造

借助艺术团，依托人文素质拓展中心，组织开展形式多样的相关教育教学活动。组织指导学生参加相关艺术教育竞技比赛与艺术展演活动，争取获得好成绩。与宣传部、学工部联手策划组织相关文化艺术教育主题活动。

争取专项经费，重点打造"周三"人文讲坛。通过系列专题讲座，传递人文关怀，涵育学子灵性，使之成为学校的一大文化品牌。

（三）硬件拓展

抓紧建设影视音乐厅（改造 A4 报告厅）。建成后，根据书画工作室、歌舞排练室场地相对集中的实际情况（位于 A4 报告厅楼上），统一策划 A4 楼的整体功能布局，向学院提议将其建设成为学校的学生人文素质拓展中心（学生活动中心、艺术中心）。

积极拓展校外社会实践基地。梳理学院现有的校外学生社会实践基地，与团委一道联袂出手，共同建设，合力培育。

第二部分

文化建设：文化育人的基础

第四章 高职院校校园文化建设的特性

校园文化作为一种以师生为主体的群体文化，反映着一所学校的面貌和风格，有着鲜明的个性和时代特征，对群体组织成员具有导向、示范、教育和激励等诸多功能。培养面向生产、建设、管理和服务第一线需要的高技能人才的高职院校，建设什么样的校园文化、怎样建设校园文化，不仅事关高职教育发展，而且事关人才培养质量。因此，从高职教育目标和发展的战略高度开展高职院校校园文化建设研究，事关重大、意义深远。

第一节 职业性是高职院校校园文化建设的首要特性

我国高职教育自 1980 年国家教委批准成立首批职业大学以来，虽说已有数十年历程，但大规模兴办是 10 多年前的事情，而且大多数均是新建院校或由中专升格、合并而成。在建校初期，往往将主要精力集中于学校规模扩张和校园基本建设，无暇过多顾及校园文化建设。因此总体而言，高职校园文化建设既缺基础，也缺经验，基本上是沿袭中专做法或套用普通高校的经验，缺乏高职院校自身特色。

高职教育姓"高"名"职",兼具高等教育和职业教育的双重属性,职业性是高职院校区别于普通高校的显著特征。近年来,国家重视并大力发展职业教育,高职教育也由此驶入了快速健康发展的轨道。"以服务为宗旨、以就业为导向",走"产学结合、校企合作"之路已成高职院校发展的普遍共识。为了培养"面向生产、建设、管理、服务第一线需要的'下得去、留得住、用得上',实践能力强、具有良好职业道德的高技能人才",高职院校必须"以就业为导向、以职业为本位",重视学生职业素质教育,注重学生职业能力培养。校园文化作为一门隐性课程,对学生的思想、行为具有潜在性、暗示性和渗透性的影响,对学生的成长成才起着不可替代的作用。高职院校校园文化建设如何围绕这些导向,正视高职办学目标与人才培养模式的特殊性,突出"职业教育"特点,并将职业特征、职业理想、职业技能、职业态度、职业道德以及职业所需的人文素养等"职业性"素质,有机融入校园文化建设,提高学生的职业能力、职业精神和职业人格,既是高职院校校园文化建设的努力方向,也是高职院校校园文化建设的特色所在。

因此,高职院校校园文化建设要有别于普通高校,职业性是其应凸显的首要特性。基于此,当前高职院校校园文化建设要在"职业教育"上下功夫,凸显高职教育的"职业性"特色,要"贴近市场,以就业为导向;贴近岗位,凸显实践性和职业性;贴近企业,产学结合、校企互动"①,努力建设具有自身"职业"特色的高职院校校园文化。

◆ 第二节 高职院校校园文化打造职业特色的实现形式 ◆

高职教育要面向就业,重要的是面向企业,培养企业需要的人才。为

---

① 余祖光,李术蕊. 职业院校文化发展的新动向 [J]. 教育与职业, 2005 (12): 4-7.

了学生就业，高职院校校园文化建设必须加强与企业文化的沟通互动。企业文化与校园文化分属不同领域，两者在内容、特点、形式和作用等方面有着较大的差异。调查显示，高职毕业生从熟悉的校园来到陌生的企业，对企业文化产生种种不适应，其中对企业的工作环境、规章制度、工作节奏、人际关系方面，在工作初期不适应或不太适应的分别占到60%、43%、62%、56%。[①] 调查也显示，高职在校生对企业文化普遍缺少了解，如在校生有63%对什么是企业没有清晰的认识，有85%对胜任工作所需具备的素质"不清楚"或"不很清楚"。因此，为了缩短学生由学校走向社会的距离，提高学生的社会（企业、岗位）适应性，高职院校必须加强校企文化互动，让学生在校期间就能得到企业文化的熏陶，并树立起对于特定行业和特定岗位的价值认同。调查表明，有91%的高职毕业生和100%的企业认为，增强在校生对企业文化的了解与认知将有助于就业。所以，高职院校校园文化与企业文化实行互动对接，是高职学生成长成才的需要，也是高职学生就业创业的需要。

校园文化与企业文化作为不同的群体文化，分属不同领域。尽管两者之间有着较大差异，但其在基本形态、形成发展、人才培养等方面有着互动融通的理论与实践基础。首先，两者在基本形态上具有同构性。从校企文化的基本形态看，两者均可分为精神文化、物质文化、制度文化和行为文化。其中精神文化又是各自文化的核心内容，均以对人的关注、实现人的全面发展作为终极价值。[②] 两者在终极价值取向上的一致性，为校企文化互动融通提供了理论与现实依据。其次，两者在形成与发展上具有相融性。文化在本质上都是开放的，校园文化与企业文化亦不例外。其在形成与发展过程中，都存在一个不断吸收其他文化且与之相融共进的过程。在校园文化建设过程中，要吸收包括企业文化在内的其他社会文化，如政治文化、经济文化、科技文化、娱乐文化、管理文化等等。在企业文化发展

---

① 马昀，杨林. 高职毕业生对企业文化适应性的调查与分析 [J]. 职教通讯，2006（1）：55-56.
② 陈德峰. 论校企文化互动的教育价值 [J]. 中国职业技术教育，2003（23）：34-35，54.

过程中，也要受到其他社会文化包括校园文化的影响。特别是一些高科技企业和校办企业，其本身就是由高校衍生而出，深深打着校园文化的烙印。再次，两者在人才培养上具有对接性。高职院校是以培养企业所需的应用型人才为目标，企业在激烈的市场竞争中求生存、谋发展也需要高素质人才。因此，从人才培养上看，高职院校与企业有着更为紧密的联系和依赖关系。为了提高学校培养人才的适应性，企业在学校人才培养过程必须提前介入，包括企业文化对校园文化的渗透，以期形成企业所需的行为方式和价值观念。

综上所述，高职院校校园文化建设应该而且可以与企业文化进行互动融通。当前高职院校校园文化建设必须立足"职业教育"特点，围绕学生的职业素质培养，结合地方经济建设和行业发展要求，加强与企业文化的互动融通，这是高职院校打造具有"职业性"特色校园文化的实现形式。

第五章 高职院校特色校园文化体系构建

校园文化作为一个完整的体系,包括精神文化、物质文化、制度文化和行为文化。根据笔者对高职教育和高职院校校园文化的认识,高职院校在规划与建设校园文化时要以提高学生职业素质为目标,以培养学生适应社会(企业、岗位)能力为主线,在学校精神文化、物质文化、制度文化和行为文化等方面全面实现与企业文化的互渗互融和有效对接,校企互动,让优秀企业文化在校园"软着陆",构建起体现"职业性"要求的高职院校特色校园文化体系。

第一节 精神文化:塑造反映办学理念、体现职业特性的大学精神

大学精神是一所大学在长期实践基础上对其办学理念进行内化、升华及理论抽象与价值凝练的结果,是各种精神文化资源的精髓。因此,高职院校在建设精神文化时,除了培养师生的爱岗敬业、诚信品质、团队精神等精神文化外,更要立足学校实际,着力塑造反映办学理念、体现职业特性的大学精神。比如浙江医药高等专科学校(现"浙江药科职业大学")

的校训"厚德厚朴、励志远志",在反映学院"重德、立志"办学理念的同时,还将"厚朴""远志"两味中药名蕴含其中,充分体现医药高专的医药文化特色。再如浙江经贸职业技术学院的校训"厚德崇商",字里行间颇能感受"立德、亲商"的商贸文化。还有浙江纺织服装职业技术学院在设计院标图案时也充分展现学院的轻纺特色等。

CIS(企业识别系统),是企业的整体经营策略和全方位的公共关系战略措施,是企业与公众沟通的一种有效手段,它包括MI(理念识别)、BI(行为识别)、VI(视觉识别),MI是CIS的核心内容。高职院校在培育与塑造大学精神时可以借鉴和导入CIS,以建立大学的理念识别系统。大学的理念识别系统主要表现在学校精神、校风、学风等精神文化层面,因此高职院校在建设精神文化尤其是塑造大学精神时,要对体现大学精神的校训、校标、校徽、校歌等理念识别载体进行精心提炼与系统设计,像企业经营品牌一样打造高职院校的精神文化品牌。

第二节 物质文化:营造彰显学校精神、体现职业特征的环境氛围

物质文化是学校文化的外在表现,是精神文化的承载形式。为此,高职院校在建设物质文化时一定要彰显学校精神、体现职业特征。比如浙江金融职业学院为了建设诚信文化,在学校正大门左侧设立一块镌刻有"诚"字的巨石,在三号门前镶嵌一块镌刻有"信"字的汉白玉,诚石(实)、信玉(誉)直观地阐发了学校"诚信"的办学理念与精神。再如浙江建设职业技术学院把继承鲁班文化与营造育人环境相结合,在新校园的规划和设计中充分吸收了鲁班的建筑思想,从校园整体设计、建筑风格、道路命名等方面体现建筑专业特点。该院在南大门设置了中外经典柱廊,

校园主干道路以鲁班、茅以升、詹天佑等古今建筑大师命名等，使师生能够在求知、求美、求乐中受到潜移默化的启迪和教育。

此外，高职院校还要围绕职业教育特点，在实习实训基地建设及教室、寝室、楼道文化布置等方面，营造"职业性"的校园文化环境与氛围。比如宁波天一职业技术学院（现"宁波卫生职业技术学院"）护理实训中心建设，从护士台、分娩室、手术台、护理室等环境布置，全真模拟医院场景。再如金华职业技术学院围绕"基地、教学、科研、招生、就业"五位一体办学特色，培养学生的职业精神和实践技能，加强校企合作与文化融通，为企业先后开设"香溢旅业班""恒生班"等各类订单班20余个，这些班由企业冠名，学生着企业服装，给校园文化增添了多元的色彩。又如，宁波职业技术学院在校园内很多地方张贴体现和反映企业文化的宣传标语："敬业才能有事业""今天不努力学本领，明天将努力找工作"等，校园内企业文化氛围浓厚。

第三节 制度文化：构造融合企业文化、体现职业特色的规章制度

制度建设从一定意义上说是带有根本性的建设，因此高职院校吸纳优秀企业文化进行制度创新，意义重大。全面质量管理（TQM）作为现代企业的一种先进管理方法，其核心是通过建立全面质量管理体系，提高管理质量与品质。高职教育培养的是各行各业所需的应用型技术人才，为提高高职教育教学质量，全面质量管理值得借鉴与推广。如浙江交通职业技术学院推行全面质量管理，采用了基于ISO 9000族标准转化的《船员教育

和培训质量体系》。① 该院 1998 年引入质量管理体系，并严格按照行业标准经营学校发展，经过几年的实践、改版、推广、运行，通过了中间审核、再有效审核，该院摸索出一条向管理要质量的有效途径，得到了社会的充分认可，为学生适应行业管理模式提供直观亲历条件。2004 年，该院将质量管理体系由点到面推广至全院，以此带动该院各项工作。

实践证明，构造融合优秀企业管理文化、体现职业特色的规章制度，有助于高职院校的制度创新。比如苏州工业园区职业技术学院引入企业竞争机制，在学生学习中推行"末位淘汰制"。② 该院实行"末位淘汰制"，旨在从大学时代就培养学生的竞争意识。从推行情况来看，"末位淘汰制"有利于学生潜能的激发和释放，有部分学生在被"淘汰"警告后，其学习的潜能被激发，学习效果明显进步，从班级末位一跃成为前三名，因而获得学院的"年度最佳进步奖"。再如有些高职院校按照企业的架构构建班集体，以企业的组织模式设置班干部，以企业的管理模式实行"总经理（班长）负责制"，参照企业特点进行班级 CIS 策划，按照企业的制度制定班级规章、公约，结合企业和专业的特点规划班级活动，以项目的形式、招标的方式组织班级活动，从而使学生在校期间就能感受企业文化氛围等。

第四节 行为文化：打造倡导行业规范、体现职业特点的文化活动

家有家法，行有行规。高职院校要打造倡导行业行为规范、体现职业

---

① 浙江省委教育工委宣教处. 浙江省高校校园文化品牌和优秀成果申报材料汇编（二）[Z]. 2007：22.
② 孙海泉，吴优芬. 高职校园文化建设的企业化与人本化思考[J]. 教育与职业，2005（36）：17-18.

特点的校园行为文化，对引导师生行为导向，尤其是培养学生符合行业道德要求的行为规范，如敬业、合作、守纪等，影响深远。为此，高职院校在行为文化建设时要倡导行业行为规范、体现学院职业特点。比如浙江金融职业学院立足金融行业要求，打造诚信文化，倡导教师"敬业奉献"，学生"明礼诚信"。该院通过向全院师生征集素材编辑出版人手一本的《诚信手册》，推出《浙江金融职业学院学生诚信公约》和《学生诚信誓词》等形式，来建设诚信文化。

行为文化涉及面广，有实践文化、实习文化、礼仪文化等，其中校园活动文化品牌建设对师生行为影响更大，各高职院校均在倾力打造。比如浙江水利水电专科学校（现"浙江水利水电学院"）开展的以"弘扬水文化、培育水利人"为主题的水文化活动，内容包括"水、利、我"专题研讨会，组织学生赴有关地市开展"我取浙江八杯水（浙江省八大水系）"和"建万里清水河道、打造靓丽新农村"社会实践活动等。再如宁波天一职业技术学院开展的"爱心天使，爱在四季"主题爱心文化活动，内容包括"春季·青春天使""夏季·活力天使""秋季·健康天使""冬季·阳光天使"等四大篇章。还有湖州职业技术学院探索开展的"创业教育课程化、创业实践项目化、创业管理规范化、创业平台基地化、创业指导全程化"的创业文化，内容包括将创业教育纳入教学计划、成立创业型学生社团、建设创业园等。

第六章 高职院校学生社团建设策略

学生社团作为学生自发组织起来的一种非正式群体，以其独特魅力吸引着越来越多大学生的加入，成为高校一道独特而亮丽的风景线。同时，学生社团由于在育人方面的显著功能和在思想政治工作中的特殊作用，已成为新形势下高校加强和改进大学生思想政治教育的有效载体，成为高校思想政治工作的重要阵地。

◆ 第一节 学生社团：高校思想政治工作的有效载体 ◆

教育部、共青团中央在《关于加强和改进大学生社团工作的意见》中指出，大学生社团是新形势下有效凝聚学生、开展思想政治教育工作的重要组织动员方式，是以班级、年级为主开展学生思想政治教育的重要补充。特别是在我国高等教育事业深入发展之际，随着学分制与弹性学制的推进、高教园区的兴起和后勤社会化改革的深化，高校内传统意义上的院系、班级等群体组织功能被逐渐削弱、淡化，原先立足于院系、班级等群体开展思想政治教育的模式日益受到挑战。作为一种新型可行的管理组织，学生社团以其生动、形象、直观、渗透性强、影响力持久等特点，已成为新形势下高校思想政治工作的一种有效载体。寓思想政治教育于高校学生社团建设之中,不仅使思想政治教育更生动活泼、更具吸引力,而且使思想政治教育工作更有针对性、更富实效性。

一、学生社团是推进素质教育的重要场所

作为第二课堂的主阵地、校园文化建设的主力军,学生社团在大学生素质养成教育中发挥着重要作用。校园里形式多样、丰富多彩的社团活动,为大学生创造了良好的学习环境和锻炼场所。通过组织开展各种社团活动,从社团负责人到一般成员,他们的学习能力、科研能力、组织协调能力、管理能力、交际能力、创造能力和实践能力等得到不同程度的提高,同时也培养了一大批优秀的学生理论骨干、科研骨干、文艺骨干和管理骨干。学生通过参加社团活动,使人格得到升华、情感得到塑造、知识得到丰富、潜能得到发挥、素质得到提高。此外,"良好的社团组织以马克思主义的世界观、人生观、价值观为基础,以政治型、求知型、伦理型、创新型为特质,反映当代社会发展的主流文化,对大学生的素质发展特别是非智力素质起着积极的引导作用"[①]。与此同时,高校学生社团文化所倡导的社团精神,包括竞争精神、创新精神、科学精神、团队精神、奉献精神、民主精神和服务精神等,不仅丰富了大学生思想政治教育的内涵和外延,而且给高校思想政治工作增添了新的活力。

二、学生社团是大学生学理论的补充渠道

利用思想政治理论课来传授马克思主义理论,是大学生学习理论的主阵地和主渠道,应该说是富有成效的。然而,如今大学生对某些理论问题,往往不满足于现成的结论和课堂的学习,而喜欢从理论和实践的结合中探索依据、寻求答案。这时,一些理论学习型社团,如邓小平理论研究

---

① 汤正华. 论应用型人才非智力素质培养与学生社团建设的契合[J]. 中国高教研究,2007(8):65-68.

会,习近平新时代中国特色社会主义思想研究会,马列主义、毛泽东思想和邓小平理论学习小组,以及院系组织的各类党章、理论学习小组等,以其旺盛的生命力活跃在校园内外,成为大学生学习理论的重要补充渠道。他们通过在社团内部相互学习、共同探讨,或到各院系去辅导、交流学习心得,或通过社会服务、参加实践活动等形式,不仅使社团成员在潜移默化中接受教育、得到熏陶,而且掀起了大学生课余学理论的高潮。

三、学生社团是大学生进行自我教育、自我管理、自我服务的有效途径

当代大学生自我观念、独立意识较强,主体性突出,而传统的思想政治教育由于过分强调教育者的主导作用而忽视受教育者的主体地位,有时教育效果并不十分理想。学生社团作为一种由学生自发组织形成的非正式群体,其组织内部比较宽松,对社团成员没有强制的约束力,因此容易形成自由平等、畅所欲言、民主和谐的良好氛围;并且社团成员结构打破了院系与专业的界限,打破年级界限,打破文科、理科、工科界限,使具有不同智能水平的博士生、硕士生、本科生、专科生融为一体,形成一个多层次、多方位、纵横交叉的立体智能网络。共同的志向、兴趣和爱好,使社团成员团结一心,相互学习、相互帮助、相互激励、相互促进,爱好、特长、个性得到充分发展,人格、能力、素质得到不断提高,成为大学生进行自我教育、自我管理、自我服务的有效途径,有力地推进了高校思想政治教育工作。

◆ 第二节　高职院校学生社团建设存在的问题 ◆

学生社团,作为新形势下高校学生管理的一种新型组织,是加强和改进大学生思想政治教育的有效载体。为了更有效地寓思想政治教育于学生社团建设之中，有必要对当前高职院校学生社团建设中存在的影响思想政治教育功能发挥的"三重三轻"倾向进行一些剖析。

一、在价值取向上，高校学生社团普遍存在着重娱乐性、轻思想性倾向

学生社团作为以共同兴趣爱好为基础集结而成的非正式群体，在开展活动中体现出一定的趣味性，甚至是娱乐性，原本无可厚非。然而，对在社团活动中普遍出现的注重娱乐性、忽视与淡化思想性的倾向，不得不予以关注。当前，一些学生社团为了一味迎合一些学生的趣味性需求，活动内容低俗，甚至连一些理论学习型、学术研究型学生社团所开展的活动也充斥着娱乐性和功利性。更有甚者，一些社团活动的内容与形式乃至动机与目的出现了与社会主义文化发展主导方向相偏离、相违背的现象，这是与党和国家的教育方针、与高校人才培养目标极不一致的。"娱乐性、消遣性和商业性是当前社团文化的突出特点，但这不应该成为社团文化的主流，青年大学生所创造的社团文化应有别于其他类型的青年文化和社会文化，应有独特的个性、特点和育人功能"①。高职院校学生社团中普遍存在的这种重娱乐性、轻思想性倾向不能不引起我们的警惕与担忧。

二、在组织文化上，高校学生社团程度不同地存在着重自主性、轻规范性倾向

学生社团作为自发性学生组织，是基于共同的兴趣爱好组建而成的，因此社团结构松散、人员流动性大、组织自主性强，外在约束相对缺乏，这是学生社团组织的基本特点。但学生社团不同于其他诸如同乡会之类的非正式群体，它是以学生学术科研活动为主体，以兴趣志向为纽带，具有一定特长的学生有目的地自发组织起来的学生组织，具有相对的稳定性，是有序的组织。高职院校不能对其放任不管，不能让其自生自灭，而应在

---

① 何海兵. 论高校社团文化与大学生思想政治工作 [J]. 探索，2002（4）：118-121.

规范管理下积极引导其健康有序发展。当前由于受到西方社会思潮的冲击以及社会环境中某些消极因素的影响，一些学生社团在活动内容和组织形式上有时容易失去正确方向，严重的甚至给学校带来不良影响。部分学生社团在实际运作中已经出现管理失范甚至导向失误的情况。因此，主管部门要加强对高职院校学生社团的规范管理与监督指导，明令要求学生社团明确宗旨、制定章程、完善制度，使之有章可循、有规可依。特别是在学生社团重大活动审查报批中要加强管理，避免出现因管理不力而导致社团"出轨"现象和社团"失控"局面。对此，高职院校社团管理部门应有充分的思想认识。

三、在行为特征上，高校学生社团存在着明显的重社会性、轻校园性倾向

随着高职院校学生社团数量的日益增加和规模的不断扩大，学生社团活动资源的大量需求与学校可供资源的有限供给之间的矛盾日益凸显。一些学生社团为了更好地生存和发展，主动寻求各种社会资源开展合作。高职院校学生社团作为新兴的广告媒介，在传播功效中发挥出不可估量的作用，也越来越成为一些社会商家的选择。"社会性"正逐渐成为当前大学生社团行为的显著特征。高职院校学生社团寻求社会资金支持固然重要，但要坚持社团组织应有的办社方针，不能完全被社会商家所左右，尤其是要把握好与社会商家合作的"度"。一些学生社团寻找企业、社会组织资助心切，有时往往易被企业商家所利用而成为企业在校内推销产品和进行营利活动的附属机构；一些学生社团由于一味降低与企业商家的合作门槛而导致过多商业氛围进入校园，浊化了校园相对纯净的学习氛围。学生社团的这种"重社会性、轻校园性"倾向必须引起高职院校社团管理部门的足够重视。

第三节 基于思政教育视角的高职院校学生社团建设策略

学生社团，作为新形势下高校思想政治工作的有效载体和重要阵地，各高职院校一定要切实加强对大学生社团的领导和管理，主动用马克思主义思想去占领，用中国特色社会主义理论去武装。当前加强学生社团建设除了规范管理外，还必须"坚持一个方向、选好二个人物、把好三道关口"。

一、坚持一个方向

《中共中央关于加强和改进思想政治工作的若干意见》中指出，所有社团都必须遵守国家的法律法规，坚持正确的政治方向。高校是社会主义文化建设与传播的主阵地，历来是各种文化斗争较激烈、较集中的地方，各种思潮聚集交汇，相互碰撞、相互激荡、相互冲击。为了确保学生社团健康发展，学生社团建设必须坚持正确的政治方向，强调政治主导作用，坚定不移地高举中国特色社会主义伟大旗帜，毫不动摇地坚持中国特色社会主义理论体系，唱响主旋律、打好主动仗。要旗帜鲜明地宣传马列主义、毛泽东思想、邓小平理论及"三个代表"重要思想和科学发展观，学习、宣传、贯彻马克思主义中国化的最新理论成果——习近平新时代中国特色社会主义思想，要大张旗鼓地将社会主义核心价值体系教育融入学生社团的各项活动。在实践层面，要积极探索加强学生社团的团建和党建工作，如在学生社团中建立团支部或在具备条件的社团中建立党组织并以此开展相关教育活动。

二、选好二个人物

第一个人物是社团负责人。社团负责人不仅要有投入社团工作的热情，具备一定的组织管理水平和综合协调能力，而且应在政治上比较成熟，要具有正确的世界观、人生观和价值观，具有较强的政治敏锐性和高尚的思想品德。社团负责人是社团的核心人物，是社团的"领头羊"，其思想素质、政治觉悟往往直接影响到社团的健康发展，影响到其他社团成员的思想进步，因此务必要加以重点推选。推选社团负责人可通过民主推荐、个人自荐、组织把关相结合公开选拔，而且选出后要适时集中地对其进行业务培训和思想教育。第二个人物是社团指导教师。许多社团由于没有指导教师而缺乏必要的指导，致使开展的活动品位不高，或者雷声大、雨点小，华而不实等。因此，学生社团组建成立后，学校要帮助大学生社团选聘指导老师，选聘那些具有较高政治理论水平、学术造诣深、熟悉教育规律、热心学生工作的专家型教师担任指导教师，以提高社团活动质量。另外，学校还可以根据不同时期思想政治教育工作的主题，有意识地选派一些有经验、有水平的教师参与指导社团活动，帮助设计一些健康向上、情趣高雅、生动活泼、富有教益，思想教育与文化娱乐相结合的学生社团活动，以达到潜移默化的思想政治教育目的。

三、把好三道关口

第一，组建学生社团时严把关。高校是培养社会主义事业建设者与接班人的重要阵地，因此发展学生社团必须与学校的人才培养目标相结合，与学校思想政治工作要求相一致。学校党团组织对组建成立学生社团一定要严格审核、严格把关，学生社团要经过一定的审批程序，办理一定的审批手续，方可组建成立。学校要创造条件积极引导理论学习型社团，大力扶持学术科研型社团，监督保证兴趣爱好型社团，以保证学生社团的主流发展方向。同时，学校还要对那些经常不开展活动的社团予以帮助教育，对那些趣味低级、内容不健康的学生社团予以坚决取缔。第二，审批社团活动时严把关。高层次、高格调、高品位的社团活动不仅赢得广大学生的认同和喜爱，让他们受到教育、得到熏陶，而且带动了高校思想政治工作的有效运转。因此，审批社团活动时一定要严格把关，特别是要加强对社团活动主题设计的指导审核，以提升社团活动的思想内涵，增强社团活动的教育性。此外，对社团邀请来校作讲座（报告）的外来人员严格把关，要认真审查主讲人的身份、来历与讲座内容，同时还要对所开展的社团活动后果有一定的预测，要建立相应的预警与干预机制。第三，编印社团刊物时严把关。要加强对学生社团刊物的管理与指导，特别是要对刊物审批、审稿、印发等环节严格把关。有关部门和指导教师应对刊物内容的思想性、政治性、理论性和艺术性进行审核指导，以更好地发挥社团刊物的思政教育功能。

　　加强高校学生社团建设，进一步加强和改进大学生思想政治教育工作，是高校贯彻落实党和国家教育方针的重要体现，是高校围绕"培养什么人、怎样培养人"这一战略问题的实践探索，责任重大、意义深远。

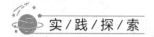

爱心文化，涵育天使

——宁波卫生职业技术学院爱心文化教育探索

（原载蒋和法、王国荣《大学生思想政治教育的宁波模式》，上海教育出版社 2010 年版，标题为收录相关文章时所加）

　　大学生是祖国的希望、民族的未来，加强和改进大学生思想政治教育工作，不仅事关大学生的健康成长，而且事关国家和民族的前途与命运。中共中央、国务院《关于进一步加强和改进大学生思想政治教育的意见》指出，加强和改进大学生思想政治教育，要以大学生全面发展为目标，贴近实际、贴近生活、贴近学生，努力提高思想政治教育的针对性、实效性和吸引力、感染力；校园文化具有重要的育人功能，各高校要努力建设体现社会主义特点、时代特征和学校特色的校园文化，同时要大力加强大学生文化素质教育，开展丰富多彩、积极向上的学术、科技、体育、艺术和娱乐活动，把德育与智育、体育、美育有机结合起来，寓教育于文化活动之中。基于校园文化的独特育人功能和在大学生思想政治教育中的特殊作用，探索以特色校园文化建设为特征的思政教育模式，对于新形势下创新大学生思政教育工作，显得非常有意义，特别是对于以培养高素质技能型人才为己任的高职院校，尤为重要。本文以宁波卫生职业技术学院（以下简称"学院"）探索实践的爱心文化教育为例，研究以特色校园文化建设为特征的大学生思想政治教育模式。

一、爱心文化突显特色，爱心教育呼之欲出

（一）校园文化的独特思政教育功能

高校校园文化作为高等教育的重要内容，其发展为大学生构建了一个增长知识、锻炼能力的平台。因此，加强高校校园文化建设对于推进高等教育改革发展、加强和改进大学生思想政治教育、全面提高大学生综合素质，具有十分重要的意义。对校园文化的概念，由于研究的视角不同存在不同的理解，概括起来主要有以下几种基本的界定。①文化氛围说。校园文化既非课内活动，也非课外活动，而是通过特定的文化氛围使置身其中的大学生受到熏陶和启发，从而获得全面发展的文化形态。②第二课堂说。校园文化是学生接受道德及艺术教育的第二课堂，是第一课堂的延伸、补充和完善。③课外活动说。校园文化是指以学生为主体开展的课外活动，其作用是娱乐和调剂学生的文化生活。

在校园文化概念的具体表述上也各有其说。有的学者认为，校园文化是以学生为主体，以课外文化活动为主要内容，以校园为主要空间，以校园精神为主要特征的一种群体文化。也有学者认为，校园文化是以校园为空间，以学生、教师为参与主体，以课余活动为主要内容，以文化的多学科、多领域广泛交流及特有的生活节奏为基本形态，具有时代特点的一种群体文化。①本文综合多数观点，认为："校园文化是一种以师生为主体的群体文化，它反映着一所学校的面貌和风格，有着鲜明的个性和时代特征，对群体组织成员具有导向、教育、规范和激励等诸多功能"。②

当前高校，随着"80后""90后"大学生成为学生群体的主要部分，大学生思想政治工作面临新的形势和挑战。为更有效地把握学生的思想特点和成长规律，引导他们健康成长成才，大学校园文化建设在多种思政教

---

① 夏宝慧. 高校校园文化模式构建研究［D］. 哈尔滨：哈尔滨工程大学，2005.
② 麻富游. 基于职业特征的高职校园文化建设路径探索［J］. 金华职业技术学院学报，2009，9（4）：1-4.

育载体中"脱颖而出",以其丰富多彩的内容、喜闻乐见的形式成为新时期高校加强和改进大学生思想政治教育工作的有效载体和重要途径,体现出独特的思想政治教育功能。

1. 导向作用

校园文化作为学校建设的"软环境",能引导大学生追求真善美的价值观,追求积极向上、健康乐观的人生观,追求植根行业需求的就业观。作为一门无形的课程,校园文化对"培养什么样的人、怎样培养人"具有一定的导向作用。

2. 教育作用

校园文化创造了一种育人的环境和氛围,它对人的熏陶和影响是潜移默化的。古人云:"染于苍则苍,染于黄则黄。"在饱含科学精神、民主传统、深厚人文底蕴或较为明显的职业特征的校园文化中,学生的身心会受到熏陶和影响,能力和素质也会得到培养和提高。

3. 规范作用

校园文化特色在一定的规章制度中得以体现,而规章制度的建立,能明显地表明学校提倡什么,应该怎样做。这种"润物细无声"式的规范作用持而久之,促使学生养成独特的行为习惯,使学生在日常学习、生活中,从要求到遵循、接受到习惯,逐渐内化为自觉的行为。

4. 激励作用

优良的校园文化可以利用校训、校标、校旗、校歌等各种精神孵化载体,起到催人奋进的积极作用,激发师生积极进取、立志高远,增强团结拼搏、发愤图强的使命感及感恩时代、服务社会的责任感。

(二)职业性是高职校园文化建设应突显的首要特征

高职教育作为高等教育发展中的一个类型,近年来发展迅猛,已占据整个高等教育的半壁江山,目前正从规模扩张步入内涵提升阶段。"树立科学的人才观和质量观""提高教育教学质量""加强职业能力培养"等成为高职教育的鲜明主题。

高职教育姓"高"名"职"，兼具高等教育和职业教育的双重属性，职业性是高职院校区别于普通高校的显著特征。近年来，国家重视并大力发展职业教育，高职教育也由此驶入了快速健康发展的轨道。"以服务为宗旨、以就业为导向"，走"产学结合、校企合作"之路，已成高职院校发展的普遍共识。为此，为了培养"面向生产、建设、管理、服务第一线需要的'下得去、留得住、用得上'，实践能力强、具有良好职业道德的高技能人才"，高职院校必须"以就业为导向、以职业为本位"，重视学生职业素质教育，注重学生职业能力培养。校园文化作为一门隐性课程，对学生的思想、行为具有潜在性、暗示性和渗透性影响，对学生的成长成才起着不可替代的作用。高职院校校园文化建设如何围绕这些导向，正视高职办学目标与人才培养模式的特殊性，突出"职业教育"特点，并将职业特征、职业理想、职业技能、职业态度、职业道德，以及职业所需的人文素养等"职业性"素质，有机融入校园文化建设之中，提高学生的职业能力、职业精神和职业人格，既是高职院校校园文化建设的努力方向，也是高职院校校园文化建设的特色所在。

校园文化作为一个完整的体系，包括精神文化、物质文化、制度文化和行为文化。高职院校在规划与建设校园文化时要以提高学生职业素质为目标，努力构建体现"职业性"要求的特色高职校园文化体系。

1. 精神文化

塑造反映办学理念、体现职业特性的大学精神。大学精神是一所大学在长期实践基础上对办学理念进行内化、升华及理论抽象与价值凝练的结果，是各种精神文化资源的精髓。因此，高职院校在建设精神文化时，除了培养师生的爱岗敬业、诚信品质、团队精神等精神文化外，更要立足学校实际，着力塑造反映办学理念、体现职业特性的大学精神。

2. 物质文化

营造彰显学校精神、体现职业特征的校园环境与氛围。物质文化是学校文化的外在表现，是精神文化的承载形式。为此，高职院校在建设物质文化时要彰显学校精神、体现职业特征，特别是要围绕职业教育特点，在实习实训基地建设及教室、寝室、楼道文化布置等方面，营造"职业性"校园文化环境与氛围。

3. 制度文化

构造融合优秀企业管理文化、体现职业特色的规章制度。实践证明，构造融合优秀企业管理文化、体现职业特色的规章制度，有助于高职学生在校期间就能真切感受到企业文化氛围。如有些高职院校按照企业的架构构建班集体，以企业的组织模式设置班干部，以企业的管理模式实行"总经理（班长）负责制"，参照企业特点进行班级CIS策划，按照企业的制度制定班级规章、公约，结合企业和专业的特点规划班级活动，以项目的形式、招标的方式组织班级活动，等等。

4. 行为文化

打造倡导行业行为规范、体现职业特点的校园活动文化。行有行规，家有家法。高职院校要打造倡导行业行为规范、体现职业特点的校园行为文化，对引领师生行为导向，尤其是培养学生符合行业道德要求的行为规范，如敬业、合作、守纪等，影响深远。为此，高职院校在进行行为文化建设时要倡导行业行为规范、体现学院职业特点，特别是要精心提炼打造具有鲜明职业（行业）特点的校园活动文化品牌。

（三）爱心文化是学院校园文化建设的特色所在

1. 爱心文化在校园文化建设中的重要作用

根据心理学家马斯洛的需要层次理论，人有爱和归属的需要。爱是人与人之间交流和沟通的桥梁。情感文化论认为，人是情感的主题，情感文化应当成为人的主体文化。爱心文化有着激励人、凝聚人、感染人等功能，通过爱心文化的培育、实践和发展，有助于促进高职院校校园文化建设体系完善和学生人格健康和谐发展。

1）爱心文化能够丰富和深化校园文化的内容

在以往的校园文化建设中，更多的是把精力放在活跃校园气氛和发展学生个性的活动上,对于应进行普遍强化的个体修养内容涉及不多,如爱心之类的更是少之又少,而这些是我们现实社会中所必备的基本要求。爱心是促成校园和谐文明的文化环境的重要因素,通过开展爱心文化建设,有助于进一步丰富和完善校园文化的内容,提炼校园文化的特色品牌,从而深化思想政治教育工作的内涵。

2) 爱心文化能够引领校园文化活动的方向

丰富多彩、寓教于乐的校园文化活动是培养学生创新精神与实践能力、提高综合素质的有效途径。在爱心文化氛围的熏陶下,通过设计各种爱心载体,定期开展爱心服务文化节、党员爱心活动日、爱心服务实践团社区行、爱心天使志愿服务等活动,为学生成长成才提供了良好的舞台,同时引导校园文化向健康高雅的方向发展。在"三下乡"、青年志愿者服务、假期社会实践等活动中,爱心文化教育同样贯穿始终。

3) 爱心文化能够培养和提升学生的人文精神

只有一个认识爱、懂得爱、欣赏爱、付出爱、具有爱的能力的人,才会具有健全的人格,形成正确的人生观和价值观。爱心文化对于学生人文精神的塑造具有重要的作用,在爱的氛围中成长,富有爱心、责任感强、品德高尚的学生会将其所得到的博大的爱传递给他人和社会,在爱与爱的传递中形成浓厚的爱心底蕴,这种人文精神和底蕴能够对学生的成长成才起到重要的催化作用。

2. 爱心文化的内涵

爱心是一种宽容,是一种博大胸襟,是一种亘古不变的美德,是一种责任,是乐于助人的善良和淡泊名利的宁静。早在春秋时期,孔子就提出了"仁者爱人"。"仁"的基本内涵是"爱人"。《论语·颜渊》中这样记载:"樊迟问仁。子曰:'爱人。'问知。子曰:'知人。'"孔子"仁"的思想,在《孟子》中得到了继承。《孟子·离娄下》曰:"君子以仁存心,以礼存心。仁者爱人,有礼者敬人。"可见,"仁爱"历来是中华民族传统道德的重要内容,仁爱观念是中华民族传统道德的"立人之道",是儒家道德的核心精神。"仁"的含义就是关心人、帮助人，以帮助他人作为自己的最大快乐，这种精神也是贯穿古今的人道主义精神。

"爱心文化"以"爱"为核心，是对我国"仁爱"思想的继承，它提倡人与人之间应互相关心、互相尊重、互相友爱、互相帮助，是人文精神与职业素养的核心体现。中华民族这种道德传统及深厚博大的"爱"延伸至今日即是互帮互助、助人为乐及为维护社会利益、人民利益而不惜牺牲自己利益的精神源泉，是构建和谐社会的基石。学校所倡导的爱心文化在内容上是丰富的、多层次的。它以"尊重、理解、关怀、热爱"为基本内容，以"自尊、自爱、自强"为精神要素，以"尊重他人、理解他人、关心他人、帮助他人"为基本原则，以"爱集体、爱社会、爱祖国、爱人类"为自我道德责任感，是塑造"爱心人格"为价值取向的校园文化实践活动。爱心文化的建设旨在进一步深入挖掘中国传统文化的精髓，弘扬团结互助、与人为善、乐于助人的传统，使学生真正形成关心、理解、尊重他人的"爱心人格"特征，达到育人的成效。

3. 学院注重爱心文化建设

"培养什么样的人""如何培养人"是每所高职院校需要考虑的问题。爱心文化的提出首先与高职教育人才培养目标有密切关系。高等职业教育与其他教育形式一样，都追求人的全面、可持续发展，注重培养人才的自我适应和自我发展能力。在实现"人的全面、可持续发展"的目标中，将爱心文化教育融入高职院校校园文化建设，凸显学生的主体地位，实现人与社会的和谐相处。

宁波卫生职业技术学院作为教育部、卫生部确定的承担护理专业领域技能型紧缺人才培养培训任务的高职院校，培养的是高素质应用型卫生技术人才，学生毕业后所从事的是白衣天使的工作，其工作服务的对象是"人"，治病救人、救死扶伤是他们的神圣使命和职责。因此，学院培养的学生不仅要具备扎实的卫生领域专业知识与岗位技能，而且要具备良好的人文精神与职业素养，具备高度负责的责任感和爱心意识。近年来，学院围绕高素质卫生技术人才培养目标，创新人才培养模式，突出学生"人文精神与职业素养、专业知识与专业技能、人际沟通与社会工作能力"培养，注重仁爱思想教育，重视爱心文化建设。学院通过构建完善的爱心文化教育体系，开展全方位、多层次、宽领域的爱心文化教育活动，积极帮助学生树立团结互助、爱岗敬业、无私奉献的高尚职业道德情操，培育学生爱心品格和人文精神，努力引导学生健康成长成才，以便其在未来的工作岗位上能够真正用心去关爱每一名患者，从而提升医护人员的整体职业素质。

二、爱心天使爱在四季，爱心文化浸润新人

作为以培养高素质现代卫生技术人才为目标的高职院校，学院十分注重培养学生的"爱心、责任、奉献"等人文精神与职业素质，尤其重视爱心文化的教育和建设。校园文化是高校隐性课程的重要来源，是素质教育的重要载体。基于校园文化的特有思政教育功能，学院把爱心文化教育作为校园文化的品牌和学生思政教育的特色来加以重点塑造，通过爱心文化教育来培育学生的仁爱精神和职业道德素养，提升学生的人文精神和全面素质。

爱心文化教育紧紧围绕学院提出的，推进以"提升人文精神、强化职业素养、培养内在素质、提高自身能力"为主要内容的内涵建设，以培养充满人性关怀、富有仁爱思想的高素质卫技人才为目标，以爱心机制的完善为保障、爱心平台的构建为载体、爱心途径的拓展为手段，建设以"仁爱"为核心理念的"爱心文化"，并将之作为学生思政教育的特色品牌项目之一来加以重点打造。旨在培养学生的仁爱思想，增强学生的实践技能，提升学生的职业道德水平和人文素养，用爱心文化浸润、引领学生健康成长成才。

（一）完善机制，提高爱心文化教育的保障力

学院高度重视爱心文化教育与建设，为使各项爱心文化活动顺利开展

有组织保障，不断构建和完善各项爱心机制。

1. 建立组织机构

学院成立爱心文化建设领导小组，多次召开专题会议深入研究，制定爱心文化建设的总体思路和具体实施的阶段性目标。同时，建立由学院党委副书记担任组长、专兼职思政工作教师骨干为成员的爱心文化建设指导小组，对全院学生开展各项公益爱心活动给予思想和专业上的指导，这对于保障爱心文化建设高层次、高品位地开展发挥了重要作用。

2. 完善制度建设

为使爱心文化建设的开展有良好的制度保障，学院爱心文化建设领导小组先后建立了学院爱心文化建设管理制度，制造了爱心文化活动实施细则，设立了各院系开展爱心文化建设的评价、考核制度等。各爱心服务站点根据自身服务特点制定相应的制度。如爱心天使护理志愿服务队，从成立开始相继制定了详细的实施方案、志愿者守则、考核细则、激励机制等，从制度上催化各项活动有序进行。

3. 提供经费保障

学院每年对爱心文化品牌建设提供专门的经费，实行专款专用，确保各项爱心文化活动顺利开展。爱心志愿服务中心设立爱心基金。爱心基金会奉行"自愿、奉献、友爱、互助、进步"原则，将师生党员的捐款和定期回收的废旧物品所得款项作为爱心基金。以"全心全意帮助学院特重病学生克服困难并顺利完成学业，构建学院师生、校友互敬互爱、互帮互助的优良传统"为宗旨，以"为了同一份爱，让真情撒满校园、撒遍社会"的口号，资助特重病学生、社会公益事业服务活动等。

（二）搭建平台，提高爱心文化教育的聚合力

为推进爱心文化建设，各党总支、团委、系部纷纷建立爱心文化教育的载体，爱心网络渐成体系。

1. 党团活动室

为充分发挥党团活动室的辐射功能，以每幢公寓楼党团活动室为单

位，组织公寓楼的党员、入党积极分子结合时事定期开展学习座谈交流活动，提高自身的思想政治修养和道德素质。同时，各党团活动室积极组织各类爱心帮困活动，如以收集废品所得资金资助贫困学生、开设爱心服务流动站、与农民工子弟学校爱心结对、雷锋日服务活动等。

2. 爱心志愿服务中心

由青年志愿者协会改建而成，最早可追溯到1992年创立的"学雷锋小组"。该中心由团委负责，以"投身实践、发挥专长、服务社会、共建和谐"为宗旨，大力弘扬民族精神、南丁格尔精神，深入社区、广场、农村、弱势群体（包括敬老院、留守儿童、特殊学校等）开展医疗卫生服务、卫生知识宣传与咨询、健康调研等爱心志愿实践服务活动。在奉献社会、服务社会中提高自身专业知识和实践技能，实现大学生健康成长成才的目标。其中，"爱心天使护理志愿服务队"已在校内外产生一定影响。

3. 爱心互助社

家庭经济困难生的经济问题已经引起了全社会的广泛关注。但伴随着经济贫困引发的"心理贫困"，客观地存在于家庭经济困难生的心灵之中。爱心互助社是一个由家庭经济困难生组成的社团，通过建立爱心互助社，营造自助、自立、自强、助人的社团氛围，开展心理助困、感恩教育、自我提升训练、建立"紧急临时借款基金"等爱心活动，帮助家庭经济困难生树立自信、学会感恩、热爱生活，做一名身心健康的大学生。

4. 爱心服务实践基地

目前已遍及宁波全市范围，主要有江北洪塘、慈城、云湖、甬江，海曙西门街道、望春街道、江厦街道、南门街道、古楼街道，江东明楼街道、樱花社区、百丈街道、中山社区，鄞州东钱湖社区、钟公庙街道、姜山镇、紫鹃社区、华泰剑桥社区、外滩社区等，此外还分布在敬老院、医院等处。

5. 爱心基金站

2007年3月正式成立，爱心基金站奉行"自愿、奉献、友爱、互助、进步"原则，将师生们的募捐和定期回收废旧物品所得款项作为爱心基金，用以资助家庭经济困难生、向社会公益事业捐款以及敬老院、社区志愿服务活动，力所能及地帮助需要帮助的人。此前，原宁波卫校已故校长吴韫玉曾用最后遗留下的一笔生活费28071.32元成立过"爱心基金"。

(三) 拓宽途径，提高爱心文化教育的渗透力

1. 爱心教育，渗透内外

1) 环境熏陶

学院的环境布置、氛围营造，均弥漫着爱的气息，如南丁格尔塑像、走廊医学名家格言、楼道爱心文化等。特别是护理实训中心的设计布置，护士台、急救室、监护室、育婴房等，全真模拟医院场景，让学生真切感受到生命、母爱、责任等意识。

2) 专业渗透

专业渗透是爱心教育的一个重要渠道。如在护理操作中，即使是搬挪"模型人"，也要注意和考虑"病人"在搬动中是否痛苦与不便；又如在检查之前要把自己的手捂暖才可以去接触病人，即使捂暖了也要询问一下病人这样的体温是否合适；再如给孕妇检查完毕后要协助其整理衣裤，扶其坐起、穿鞋，等等，均要体现关爱方面的要求。与此同时，学院结合专业特点开设了一系列寓爱心、人文教育于其中的课程，如"护理礼仪""护理美学""护理人际沟通""美容心理学""美容医学伦理学""医学名家大讲堂"等，更率先于全国医学院校开设"护理人文学"，并自编教材正式出版。同时，把"医学伦理学""护理心理学"列为必修课程，强化学生专业人文精神、职业道德培养。

3) 言传身教

从新生入学始业教育第一课在南丁格尔誓言下进行爱的教育开始，一直到开学典礼、护士加冕仪式、专业实习、毕业典礼等各个环节，教师均进行爱心方面的"言传身教""循循善诱"，让学生懂得什么是爱，懂得如何爱自己、爱他人、爱社会。与此同时，学院还通过开展"三文明、四热

爱"主题教育活动、"天一名人论坛"系列讲座、爱心文化艺术节等活动，让学生受教育、长才干、做贡献。此外，全院教职员工，上至院长，下至普通职工，全员育人，关爱学生，把尊重、坚强、友爱、互助、宽容的品质传递给学生，教书育人、管理育人、服务育人。为此，全国人大常委会原副委员长吴阶平也曾为学院前身原宁波卫校题词"循循善诱"，激励教师们对学生实施春风化雨般的爱心教育。

2. 爱心实践，花开四季

南丁格尔曾说过："护士其实就是没有翅膀的天使。是真、善、美的化身。"这些可爱的天使，用自己所学专业、用自己的爱心，一年四季，服务奉献，"爱心天使，爱在四季"。

1）春季·青春天使

花团锦簇的春天，青春是最美丽的花朵。在农村、社区、敬老院、公交车上都有着天使们翩翩起舞的青春身影。

（1）与蓝天农民工子弟学校结对帮教。2006年4月，护理分院与蓝天农民工子弟学校正式结对。多年来，天使们不仅为蓝天农民工子弟学校的学生捐款捐物，更定期去那里和孩子们一起唱歌、跳舞、游戏，开展丰富多彩的第二课堂活动，利用课余时间为他们上文化课，开展义教活动，进行健康知识宣传等。

（2）开展"让爱与城市一起舞动"大型广场爱心服务活动。2007年3月，在城市广场举行大型义诊、健康知识宣讲与咨询活动，天使们还载歌载舞为在场的市民们献上了一台精彩纷呈的演出。

（3）开展"携公德乘车、与文明同行"公交文明行动。几年如一日，学院爱心社、护理学院公关礼仪部组织成员到363、369、359、367路公交车站牌附近维持乘车秩序，在车上劝乘客给需要座位的人员让座等，为创建全国文明城市做贡献。

（4）开展"爱心义诊进社区，健康微笑迎奥运"活动。2008年3月，爱心天使志愿服务队成员走进江东区紫鹃社区，进行大型健康知识宣传义诊活动。在义诊现场，设立了女性健康服务、测量血压、康复治疗、健康咨询等服务项目。发放常见疾病预防、夏季饮食保健等方面的健康知识宣传单，并进行社区医疗服务方面的调研。

此外，还积极与尚田镇溪汪村携手开展社会主义新农村共建活动，学院从2005年至今先后选派科技特派员、农村指导员驻村帮扶指导工作，义务送医下乡免费为村民开展体检，逢年过节走访慰问生活困难群众，支持推进农村基础设施建设，开展"天使的风采"学生慰问演出，等等。

2）夏季·活力天使

炎热的夏季，是充满生机与活力的季节。结合暑期社会实践活动，深入开展新农村建设、环保宣传、帮扶教育、医疗援助，天使们热情似火、活力四射。

（1）成立大学生社会主义新农村建设服务团。开展农村医疗卫生知识实践服务，通过讲座、发放宣传资料、广播、电视片、义诊等多种形式，向广大农民宣传有关医疗卫生知识；通过讲座、报告会、板报、文艺演出等多种形式，宣讲新农村政策。

（2）开展"与绿色签名、与环保同行"活动。深入乡镇、农村宣讲现代生态知识，推广先进节能技术，宣传环境生态理念；开展环境保护、支教扫盲、法律援助等方面的服务活动，组织相关专业的学生大力宣传普及与农民生产生活密切相关的法律法规。

（3）开展"我与文明同行"实践服务。积极配合宁波创建全国文明城市，与城管等部门协作，组织成立城市文明小分队，开展文明示范活动以及针对不文明行为的劝导查纠活动。积极配合国家卫生城市复检组织社区医疗卫生志愿服务队，通过卫生知识宣讲、图片展览等形式，培养和树立市民卫生意识和习惯。

（4）开展农村留守儿童关爱行动。开展有关流动人口子女、农村留守儿童问题调查研究，了解留守儿童工作现状，掌握农村留守儿童在生存、发展中存在的突出问题。围绕关爱农村留守儿童主题，积极宣传保护儿童的法律法规和有关政策，营造关爱留守儿童的良好社会氛围。

此外，还组织街道社区医疗援助服务队、学生公寓志愿者服务队、"绿桥"志愿者服务团等，奔赴农村乡镇、城市社区，以"诚信""奉献""感恩""爱心"等为主题，开展志愿奉献和感恩教育等道德实践活动。据统计，自2005年以来共成立106支主题服务队，参加人数达2200余人。

3）秋季·健康天使

金色的秋季，是收获的季节，也是关注健康的季节。健康天使们到敬老院、社区、广场、农村，给人们带去健康的福音。

（1）2006年，开展"关爱老人，关注健康"活动。在鄞州区古林镇老年活动室举行老年人健康咨询活动，为老人们提供血压测量、康复治疗等服务，宣传以防治高血压、糖尿病为主的健康小知识。

（2）2007年，组织"贯彻十七大精神，服务新农村建设"为主题的康复义诊活动。爱心天使志愿服务队前往奉化尚田镇敬老院和印家坑村为300多名百姓提供健康宣传、疾病咨询、测量血压与血糖、康复治疗、免费发放药物等服务。开展"外来务工人员健康状况调研"。

（3）2007年，赴宁波中心城区外来人员集中居住地梅堰社区开展健康状况调研，开展健康知识测试，普及急救知识。

（4）2008年，学院爱心天使志愿服务队以"投身实践，发挥专长，服务社会，共建和谐"为主题进行健康知识宣传。在紫鹃等社区开展健康知识宣传义诊活动，用所学知识服务社区、服务民众。

此外，还利用重要纪念日，到社区、广场、农村，开展健康知识宣传、医疗义诊服务活动。每年的世界保健日，前往社区宣传营养保健知识和食品安全知识；全国防治高血压日，到社区进行测量血压与血糖等义诊活动，发放高血压防治宣传单等；世界艾滋病宣传日，到广场发放艾滋病知识宣传材料，唤起全社会对艾滋病的关注以及增强自我保护意识。

4）冬季·阳光天使

寒冷的冬季，同学们用热血传递温暖，用热情送去关爱，让瑟瑟寒冬充满温暖，他们是人们心头的一抹阳光。

（1）开展"情在献血中传递，爱在人世间循环"无偿献血活动。作为宁波市红十字会集体会员单位、宁波市卫生系统无偿献血应急队伍之一，学院自1989年起就组织师生开展无偿献血活动，年年例行，从不间断，并将12月定为"无偿献血月"。同学们报名踊跃，献血热情高涨，每次都超额完成预定献血量。

（2）开展"一个问候，关怀体贴；一条围巾，温馨弥漫"慰问环卫工人活动。共收集了150多封信和贺卡，募集80多条围巾和手套，向环卫工人们送去天使的问候与关爱。

（3）开展"关爱老人，拥抱夕阳"活动。前往福利院与老人们共联欢，为他们包饺子、搓汤圆、唱歌、跳舞、表演太极拳，为老人们送上自己的一份爱心。

（4）开展"慈善一日捐"、捐资助残、扶贫助学、爱心捐款等公益活动。2006年，学院作为宁波市唯一参加由宁波市抗癌健康基金会、宁波市癌症康复协会等单位组织发起的"宁波市关爱癌症患者生命工程"大型募捐活动的高校，在校园里发起"天使的关爱"募捐活动。

此外，还发起"爱心涌动天一"募捐活动，为联丰中学患白血病的李慧莹捐款；开展"用爱撑起一片蓝天"募捐活动，为蓝天农民工子弟学校的学生募款；开展"关爱癌症患者，天使送温暖"募捐活动，动员全院师生为不幸患甲状腺癌的2005级朱同学募捐，等等。

3. 爱心服务，融入社会

1）抗震救灾志愿服务活动

在2008年汶川地震中受伤的300名伤员来宁波市医院治疗，得知缺少医理人员，学院于2008年5月22日着手组织招募志愿者成立救灾医护志愿服务队。该队伍有120余名成员，以已完成学业、掌握一定的护理知识和技术的学院2008届护理专业学生为主。他们迅速从全省各地赶回学校集结，分五组前往李惠利医院、市一医院、市二医院、市三医院、鄞州人民医院5家宁波市接受救治任务的医院参与灾区伤员的护理工作，利用所学，全力配合医院，开展一对一甚至多对一的伤员生活、医药以及心理护理工作。给伤员们擦洗身子、修剪指甲、换衣换药，配合医生做各项检查，闲暇时陪伤员聊天，鼓励、开导他们重建信心、走出阴影。有些伤员没有亲属照顾，志愿者承担起家人的角色，24小时轮流陪护；怕伤员们住院期间无聊，志愿者经常自己掏钱去报亭买或是从家里带些报纸杂志给他们解闷，有视力不好或识字不多的老人，志愿者就耐心地读给他们听；知道伤员需要理发，有志愿者利用私人关系请理发师来病房为他们理发。就是这样，他们怀着最大的爱心、耐心、责任心，用一句轻声的问候、一首简单的歌曲、一个细微的动作，让身处异乡的伤员们感受到家的温暖，抚平他们的伤痛。接受陪护的伤员对志愿者细致、耐心的照顾十分满意，相关医院领导、护理部对志愿者的工作也给予了充分肯定。学院还收到了宁波市卫生局、市二医院发来的感谢信。央视、新华网、人民网、《宁波日报》、宁波电视台等多家媒体对这支救灾医护志愿服务队进行了报道。学院救灾医护志愿服务队被评为宁波市抗震救灾先进集体，两位指导老师被评为宁波市抗震救灾先进个人。

2）临终关怀义工服务活动

临终关怀旨在帮助患者解除痛苦，提高生活质量，获得尊严，感受到人间真情与关爱，直至安详地走完人生旅程。2008年12月，学院爱心天使志愿服务队与李惠利医院团委结对，并加入了李惠利医院临终关怀义工组织。为了使临终关怀小组更好地对病人开展服务，学院对临终关怀小组制订了详细的培训计划，除了学院专业指导老师、辅导员老师的培训外，还参加李惠利医院组织的"生命无限——姑息临终关怀义工培训"，培训涉及护士应该具备的职业素质、临终关怀的基本概念与护理措施、在临终关怀过程中需要注意的事项、如何对临终病人及家属进行心理上的关怀等内容。临终关怀小组自2008年12月起，每周六上午去李惠利医院为临终病人提供护理服务，他们用自己的爱心和真诚，给垂危者带去了阳光般的温暖。同时，为了让学生在每次活动中有所感悟，每人分发一本《爱的日记》，记录每次去临终服务的感受，并规定每周日晚上小组成员进行团队分享交流会，畅谈感受和想法。通过一次次的实践和交流，临终关怀小组成员感受到了"治病救人、救死扶伤"这一作为护士天职的神圣使命，感受到了自己身上的责任，在体验到生命脆弱的同时更感受到了生命的崇高和坚强，他们细致周到的服务照亮着临终病人最后的旅程，用自己的爱心和患者一同创造着生命的奇迹。正如谢同学在《爱的日记》中所述："很多的癌症晚期病人不但需要药物上的治疗，更多的是需要心理上的慰藉。每当看到所帮助的患者开心地笑，自己也会很开心。从他们的笑容中我读懂了什么是奉献，什么是感恩。"

3) 爱心志愿结对服务活动

学院爱心志愿服务中心自成立以来，一直活跃在甬城各大社区、敬老院、福利院、学校等地，开展健康知识宣传、健康知识讲座、义诊、康复保健、调研等活动。并与医院、社区、学校等进行爱心结对，共建实践基地，长期做好爱心服务项目。目前，学院爱心志愿服务中心已与10多个社区、敬老院共建实践基地，定期去实践基地开展爱心服务活动。同时，对结对社区的孤寡老人定期进行上门服务，追踪老人的健康，为他们建立健康档案。"爱心健康套餐服务"已经成为学院爱心文化活动中响当当的招牌，深受居民和病人的欢迎和好评。截至2009年3月底，学院爱心志愿服务中心开展爱心社会服务活动已有80余次，为10000多人次提供健康服务，发放8000多份健康知识宣传单。

三、勤耕不辍喜结硕果，爱心教育渐成品牌

（一）学院爱心文化教育的效果影响

1. 提高了学生的人文素质与职业素养

学院开展爱心文化教育后，校园爱心文化氛围浓厚，学生人文素质与职业素养进一步提高。2005年，学院接受浙江省教育厅人才培养工作水平

评估，学院学生的综合素质，特别是学生人文礼仪方面的出色表现给专家留下深刻印象。2008年三次全省专业评估中专家反响良好，认为学院学生"有爱心、素质好"。

许多参与其中的同学认为，"参加爱心活动是我大学中最难忘怀的经历"，"参加爱心活动是对我影响最深刻的教育"。也有刚入学的一位大一新生表示："当我看到学姐们投身抗震救灾护理工作、爱心病房充满温馨的照片时，我为自己选择了护理专业而感到骄傲，我一定会刻苦学习，努力工作，积极参与，让大学生活过得充实而有意义。"在丰富多彩的主体实践活动中，学生知识的获得、情感的丰富、能力的发展以及人格的独立与完善，即学生整体素质得以提高。据了解，参与过爱心活动的学生在临床实习中都得到带教老师的好评和认可。在2008级学生招聘50名爱心天使志愿服务队成员过程中，每个班级80％左右的学生报名参加。爱心活动的影响力已经蔓延至整个校园。特别是2008年汶川地震，得知在汶川地震中受伤的部分伤员要来宁波治疗，而宁波市医院紧缺护理人员，学院组织招募救灾医护志愿服务队队员的报名现场，热情高涨，气氛感人。尤其是2008届毕业生通过电话报名后，立即从全省各地实习单位返校加入救灾医护志愿服务队，在接受培训后立即奔赴指定的六家医院，投入到紧张、繁忙的救治护理工作中。他们怀着满腔的热情和高度的责任心，充分利用所学知识，对灾区伤员进行一对一的生活护理、心理指导及健康教育咨询工作，并配合医生做好检查及手术前后各项护理。他们为伤员洗头、定时翻身、喂饭等，陪伤员聊天，给伤员读书、读报，自己掏钱给伤员过生日，端午节为伤员们买粽子。他们不怕脏累、不畏艰苦、不计得失，用所学的专业知识和技能，和自己的爱心、细心、责任心去护理和关爱每一位来自灾区的伤员，体现了"白衣天使"应有的敬业奉献精神，感动了爱心病房里所有的伤员。

2. 培养、输送了大批高素质优秀人才

学院为社会培养了一大批高素质学生。近年来学院学生就业率始终保持较高水平，2005年、2006年、2007年、2008年连续四年均在97%以上。特别是2008年在宁波市卫生局直属部分事业单位公开招聘工作人员考试中，学院共有139名同学入围，占比56.71%。最后面试合格进入体检的97名考生中，学院学生占60名，占比高达62%。

目前，学院的学生在各级各类医疗卫生系统积极发挥作用，不少人还成为医疗卫生系统的业务骨干，为服务地方经济贡献力量。学院培养的首届护士生15人，毕业后前往新疆、西藏，志愿建设祖国西北，奔赴抗美援朝战场保家卫国；学院1998届毕业生汪儿被授予甬城首批"十佳模范护士"称号；学院1978届毕业生、余姚人民医院护士长裘秀菊由于工作出色和表现突出而被选为党的十七大代表，等等。在全国人民共同抗击2003年那一场突如其来的"非典"之时，学院的学生也纷纷挺身而出，投入一线工作。学院2002届毕业生黄淑媛，被分配在宁波市第二医院，主动申请进入"非典"隔离病房工作，奉献她的爱心和服务。与她一同进入病房的还有目前任宁波第二医院ICU护士长、宁波市十佳模范护士、学院毕业生王春英。当时担任"非典"隔离病房护士长的她，每天早上5点多钟就要起床，做好物资准备；穿上不透气的防护服，戴上36层口罩和3副乳胶手套，克服恶心、想呕、头晕、浑身无力、胸闷等感觉，长时间坚持在病房，指挥协调，护理操作，心理护理。手指、手臂被消毒液泡白了、脱皮了，喉咙肿痛、声音嘶哑，从没叫过一声苦，喊过一声累，忠实地履行着一名医护工作者的神圣职责。靠她雷厉风行，坚决果断的工作作风，扎实的护理管理知识和心理护理知识，整个团队团结协作、恪尽职守、勤奋工作、终于不负所托，圆满地完成了任务。王春英还为此荣获省、市抗击"非典"先进个人。

3. 爱心教育成效显著，影响广泛

多年来，学院开展的爱心文化活动成效显著，得到社会、媒体的广泛关注和赞誉。学院开展的各类爱心服务活动尤其是"爱心天使进社区"活动深受广大市民的一致好评，社区居民纷纷致信感谢爱心天使为他们提供的各项服务。其中东裕社区的某一居民来信说道:"爱心天使志愿服务队的队员们为我们测血压、推拿按摩,表现热心,业务水平高,服务很周到,让我们感受到大学生的爱心。"学府苑某一居民在来信中说道:"感谢你们为我们宣传夏季高温天气的健康保健措施,为我们提供按摩服务,让我们在工作之余得以放松身心,白衣天使的力量是伟大的。"安丰社区居委会在致学院的感谢信中说道:"贵校的志愿者们,顶着烈日不辞辛苦为社区青少年开展健康知识讲座,手把手教会社区孩子做按摩保健,为社区打扫卫生,为社区迎接全国文明城市创建工作做出了贡献"。

各级媒体包括《浙江日报》、《宁波日报》、《宁波晚报》、《东南商报》、《现代金报》、宁波电视台、宁波电台、新华网、新浪网、浙江在线、宁波网、宁波教育党建网、宁波青年网、宁波学联网等多次报道了学院在爱心文化建设中的系列爱心故事。尤其是救灾医护志愿服务队的先进事迹,先后受到宁波电视台、宁波电台、《宁波晚报》、《东南商报》、《现代金报》、宁波网等多家媒体的关注和报道。宁波市卫生局和各医院也纷纷送来致学院的感谢信,宁波市第二医院赠予学院"向参加抗震救灾的护理志愿者致敬"的牌匾。在抗震救灾中,学院的志愿者们在实际行动中履行白衣天使的神圣使命,用自己的实际行动奉献爱心,回报社会。

此外,学院先后获得"爱心校园"、宁波市艺术教育"晨风奖"等光荣称号。在爱心志愿服务方面更是获奖无数:2006年,学院青年志愿者协会在浙江省志愿者活动先进评比中获省先进集体,江东"医疗卫生服务大篷车"分队获浙江省优秀大学生暑期社会实践小分队;2007年,学院社区医疗卫生服务小分队获浙江省重点团队,海曙区江厦、古楼街道实践服务队获浙江省优秀团队,镇海蛟川街道社会实践基地获浙江省优秀社会实践基地;2008年,学院"走进明星"社会实践走访小分队获浙江省暑期"三下乡"社会实践活动优秀团队奖,学院"宁波市江东区福明社区社会实践基地"获浙江省暑期"三下乡"社会实践活动优秀基地,等等。

（二）学院爱心文化教育的特点

1. 结合专业性，营造爱心教育氛围

为了提高爱心文化活动的有效性，让学生在参与爱心文化活动中既能学习专业知识，又能培养人文精神，学院在开展爱心文化建设中，一方面注重发挥学生的专业优势，如护理、康复、美容、口腔、营养等专业的学生，结合自身的专业特色，进社区、敬老院、福利院、学校、建筑工地、工厂、农村等地开展健康知识宣传、健康知识讲座、义诊、康复按摩、美容保健、调研等活动；另一方面实行爱心文化活动导师制，同时让爱心文化活动参与专业建设，提升爱心文化活动的质量和水平。比如，在康复专业建设中，康复专业所建立的康复实训基地也是学生开展爱心文化活动的实践基地。学生在实践基地服务时，老师会给学生提供技术方面的指导。这样，通过老师的言传身教，激发学生的专业情感，提升学生的操作能力，增强学生的专业学习意识。

2. 突出实践性，拓展爱心活动空间

大学生社会实践活动作为学校教育的延伸和补充，为大学生创新和服务社会提供了很好的锻炼机会，通过实践活动增加学生的社会阅历和工作经验。学院的爱心文化教育十分注重实践性，在实践中培养学生的奉献精神，增强其社会责任感。如护理学院的爱心天使志愿服务队，先后与宁波市10多个社区、敬老院、学校等建立社会实践基地，定期去实践基地进行健康知识宣传义诊活动，为民众送上"健康套餐"服务。又如护理学院的临终关怀小组，每周六到李惠利医院以义工的形式为临终病人服务，在实践服务活动中培养仁爱精神，升华对专业的认识和生命内涵的理解。大三学生已经进行临床实习，通过党小组的形式，利用周末在实习地组织开展爱心义诊、康复保健等服务活动，将爱心实践活动延伸到实习领域。

3. 注重服务性，塑造学生爱心品格

学院培养的学生以后从事的是服务病人的职业，因此学院尤其重视学生服务意识的培养。从大一开始，通过新生入学始业教育、爱心文化艺节、青年志愿者活动、爱心党团日活动等接受爱的教育，树立爱心服务意识，爱心服务理念渗透在与社会时事主题紧密结合的各项实践活动中。如党的十七大、北京奥运会、抗震救灾、宁波力争蝉联全国文明城市、宁波改革开放30周年等，学院都开展了相应的爱心服务活动。同时，充分利用与医学、健康卫生相关的节日开展爱心服务活动。如世界结核病防治日、世界卫生日、世界地球日、全国儿童预防接种宣传日、世界红十字日、国际护士节、世界哮喘日、全国助残日、世界无烟日、全国爱眼日、国际禁毒日、国际爱牙日、国际聋人节、全国防治高血压日、世界视觉日、世界精神卫生日、世界保健日、国际盲人节、世界防治糖尿病日、世界艾滋病宣传日、世界残疾人日等节日期间，在校园内外进行广泛的专题健康知识宣传、现场咨询、专题健康知识展、康复治疗服务、血压测量、健康知识讲座等活动。此外，在五四青年节、国庆节、七一建党纪念日、大学生心理健康日、中秋节等节假日中，也会结合主题开展爱心服务活动。

（三）学院爱心文化教育的经验启示

1. 在思想认识上强化了全员育人的理念

学院形成了党委领导从宏观上把握重视，专、兼职的思想政治工作队伍从微观入手开展各项教育工作，全院师生员工共同肩负起学生爱心教育责任的格局。学院党委高度重视爱心文化品牌的建设，成立了建设指导小组，建立了爱心文化建设管理制度、爱心文化活动实施细则等，并提供专门经费以确保各项活动顺利开展。专、兼职的思想政治工作队伍明确工作任务和工作职责，在各自的岗位上切实履行育人职责。教师在授课时根据学科的内容和特点，适当选择"爱心"内容，有机地加以渗透，使学生在专业知识的学习中受到教育；思政课教师、辅导员参与学生的各类校园文化活动、社会实践，正确指导学生学以致用、感悟践行；辅导员、班主任深入学生，及时了解他们的思想、情感、学习和生活等，教育、引导学生树立正确的人生观、价值观，树立团结互助、无私奉献的思想道德情操。

全院教职工注重在日常生活中对学生进行教育和引导，用自己的良好行为影响、教育学生。同时，学院还注重以学生党员、优秀学生干部为主体，政治素质和业务素质过硬的学生骨干队伍的培养，形成一个典型示范群体，使其成为学生进行自我教育自我管理的核心，在潜移默化中影响周围的学生，增强爱心文化教育的影响力和辐射性。

2. 在操作环节中形成全过程育人的机制

学院将爱心教育贯穿从学生入学到毕业的整个过程，覆盖学生的学习、生活和工作等各个方面。从时间维度看，根据不同年级学生的身心特点、思想实际，统一整合、规划入学教育、始学教育、期中教育、毕业教育、就业教育等环节，设置不同的教育目标、内容。例如：大一学生以职业意识和基本道德规范养成为核心内容；大二学生以职业道德和健康职业人格塑造为主；大三学生以就业、创业和发展教育为主。从空间纬度看，将学院教学场所、生活区乃至整个社会紧密衔接。南丁格尔塑像、全真模拟医院场景等环境布置，充分营造"爱"的氛围，让学生感受到生命、责任等意识。在学生生活区的每幢公寓楼设立党团活动室，开展学习座谈交流、各类爱心帮困活动，影响和带动周围学生共同提高自身的思想道德素质。此外，学院在洪塘、慈城、海曙西门街道、江厦街道、鄞州东钱湖社区等遍及宁波全市范围设立爱心服务实践基地，让学生无论身处何地，都能感受到爱心文化的熏陶。

3. 从工作格局看完善全方位育人的体系

在对学生的爱心教育过程中，学院将课堂内外、校内外、教学与思想工作、专业教育与素质培养等方面紧密结合。利用校报、网络、宣传栏等多种途径，及时宣传报道社会上、学院内发生的爱心故事，营造浓厚的爱心文化氛围。以"三文明、四热爱"、爱心文化艺术节等为主题，开展丰富多彩、健康向上的科技、体育、艺术和娱乐活动，引导学生追求真善美。结合学院特色和学生专业特长，开展健康知识宣传、义诊、康复按摩等爱心活动，让学生在实践中加深对专业的认识，在实践中收获爱心奉献的快乐，从而激发专业学习动力、增强服务社会意识。"无论什么样的教育理念和培养目标，最终都必须借助课程的方式才能实现"。因此，专业课堂的渗透是学院爱心教育的一个重要渠道，也是一大特色。教师们充分利用这个阵地，努力挖掘本学科现有的积极而有效的课程资源，将爱心教育整合并贯穿到教学中去，在课堂教学中有机渗透到教学的全过程。目前，学院结合专业特点已开设了一系列寓爱心、人文教育于其中的课程，如"护理礼仪""护理美学""护理人际沟通""美容心理学""美容医学伦理学""医学名家大讲堂"等，更率先于全国医学院校开设"护理人文学"，并自编教材正式出版，同时把"医学伦理学""护理心理学"列为必修课程，强化学生专业人文精神、职业道德培养。

附件：

爱心天使志愿服务队实践活动方案

一、活动背景

社会实践是大学生思想政治教育的重要环节，对于促进大学生了解社会、增长才干、奉献社会、锻炼品质、培养专业兴趣、增强社会责任感，具有不可替代的作用。开展"志愿服务进基层"社会实践活动，加强和改进大学生思想政治工作，是学生接触社会、了解社会、服务社会，培养人文素养、创新精神、实践能力和专业技能的重要途径。

为了培养广大学生的人文素养和仁爱精神，提高学生的专业兴趣，激发学生的学习动机，增强他们的职业兴趣和职业道德，为社会普及卫生健康知识，提高公众对健康知识的了解程度，同时也为了扩大学校在社会上的影响力和知名度，护理学院初步拟订爱心天使志愿服务队实践活动方案。

二、活动的设计思路与特点

（一）活动的设计思路

社会实践一方面要坚持长期性，另一方面要扩大学校的影响力，逐渐形成学院的特色和品牌。所以社会实践活动的设计在注重学生专业发挥的同时，要将纵向活动和横向活动相结合。

1. 充分利用与医学、健康卫生相关的节日开展活动

利用世界结核病防治日、世界卫生日、世界地球日、全国儿童预防接种宣传日、世界红十字日、国际护士节、世界哮喘日、全国助残日、世界无烟日、全国爱眼日、国际禁毒日、国际爱牙日、国际聋人节、全国防治高血压日、世界视觉日、世界精神卫生日、世界保健日、国际盲人节、世界勤俭日、世界防治糖尿病日、世界艾滋病宣传日、世界残疾人日等节

日，进行广泛的专题健康知识宣传、现场咨询、专题健康知识展、现场康复治疗服务、测量血压、讲座等活动。

2. 社会实践活动要与社会时事主题结合起来

结合社会热点、宁波地方城市一些重大的时事、新农村建设等，进行社会实践活动。

3. 社会实践活动服务要进基层

送健康到社区、广场、农村、外来工、留守儿童、敬老院、特殊学校、戒毒所等，为更多的人提供服务。

4. 社会实践活动既要有大型的面上活动，也要有长期的定点实践基地

如在医院长期做义工，参与护理病人；或者在社区、农村结对子，对一些特殊的病人定期进行护理或者康复治疗等服务工作。

（二）活动的设计特点

1. 专业性

不管是大型的健康宣传活动，还是学生的义工活动，都要突出学生的专业性。让学生充分利用自身所学的专业优势为广大群众服务。

2. 长期性

社会实践不只是几次大型的活动就可以完成的，它是一项系统的计划工程，贯穿每个学期的始终。在逐步完善后，社会实践将作为一项培养学生成长成才的模式来进行运作。

3. 普及性

社会实践的目的之一就是普及健康知识，让健康走进千家万户，所以社会实践涉及面要广。

三、活动主题

以"投身实践、发挥专长、服务社会、共建和谐"为口号，开展以健康知识宣传与咨询、日常护理、康复治疗、妇女保健知识等为主要内容的爱心天使志愿服务队实践活动。大力弘扬民族精神、南丁格尔精神，深入

社区、广场、农村、弱势群体（涵盖敬老院、留守儿童、特殊学校如聋哑学校等）。在奉献社会、服务他人中提高自身专业知识和实践技能，实现大学生健康成长成才的目标。

四、活动主要内容

（一）健康知识宣传

通过各种健康知识宣传单、健康知识展板、健康咨询等形式，让广大人民能够关注健康、了解更多的健康知识。具体宣传内容包括：一是介绍艾滋病、肝炎、结核病、痢疾等各种常见传染病的防治知识，使大家了解以预防为主、防治结合的基本常识；二是宣传普及环境与健康、营养与健康、季节与健康等保健知识，使大家了解高血压、糖尿病、冠心病、脑血管病、癌症等慢性病的预防措施和核心信息；三是培养大家养成"讲卫生、保健康"的良好生活习惯，建立健康文明的生活方式，改变不良卫生行为，讲究室内外环境卫生；四是指导大家缓解心理压力、保持心理健康，等等。

（二）大型义诊活动

通过现场健康保健咨询、康复治疗、免费测量血压、发放药品等形式，为广大群众的健康尽心出力。

（三）"结对子"活动

通过联系慈善会、福利院、医院、社区、农村等，让学生以志愿服务的形式结对子参与到病人、老年人、婴儿的护理当中。让他们在实践中增长专业知识，激发专业学习的动力。

（四）医学健康知识讲座

以专题的形式定期到社区、农村等地方开展讲座，如介绍健康卫生保健、各种常见疾病的预防、女性健康知识、日常康复治疗等内容。

（五）社会调查和专业调研

在实践过程中，让学生进行一些健康知识、医疗卫生方面的调研。把学生科研与社会实践结合起来，让学生在实践中培养科学的态度和科研素养。通过调研，有助于形成一批有一定质量的调研论文。

五、人员安排

（一）教师配备

组长、副组长各一人，指导老师、专业指导老师若干人。

（二）实践队人员拟定办法

队长一名，副队长3名，这4名人员要在大二学生中挑选。为了使工作具有连续性，给每一位队长配备一个助理（4名助理从大一学生中挑选）。

最终确定人员50名。实践队人员主要以大一学生为主。经各班报名申请，再进行筛选，最终确定实践队人员名单。实践队成员以志愿为原则，要求具备过硬的专业知识（护理、康复、助产专业都要涉及），有一定的特长。

（三）实践队名称

宁波卫生职业技术学院护理学院爱心天使志愿服务队。

（四）实践队员分工安排

实践队分为下设专业服务组、外联组、宣传组、后勤组、调研组。

1. 专业服务组

具体分为义诊、康复、女性健康服务、日常护理这4个小分队。

2. 外联组

主要联系活动场地，在宁波市寻找、联系活动场地和定点的义工护理实践基地。

3. 宣传组

负责健康知识宣传单的制作，对每次活动的宣传报道及总结。

4. 后勤组

负责每次活动的后勤工作。

5. 调研组

负责健康知识、医疗卫生等方面的调研工作，并根据调研结果撰写调研论文。

六、成果体现

（1）除了在学院网上发新闻以外，争取在外宣方面有所突破，如在地方报纸、电台、相关的团学网站进行报道。

（2）定期制作总结刊物：对每次活动的得失、体会、感受和经验进行总结，编辑成刊物。

（3）校园文化活动成果展：对活动可以照片的形式制作影集，也可推出展板。

（4）挖掘学生的感悟，注重学生的体验。可以校报专题版的形式刊登学生在社会实践中成长的故事。

（5）学生在实践中对医学卫生方面的调研论文，鼓励学生参加一些省市级的课外学术科技作品的比赛，如挑战杯等。

（6）挑选出在长期社会实践中表现优秀的队员进行演讲报告，在广大学生当中树立榜样作用。

（7）在实践过程中提炼培养卫生类高职学生成长成才的模式，将其作为课题进行长期研究，使学校的思政工作有一个新的突破。

（8）社会实践服务点的表扬信等。

第三部分

精神培育：文化育人的核心

第七章 大学精神与大学发展

时下，讨论大学精神渐成风尚，许多社会组织、教育部门和高校纷纷组织开展诸如"大学精神研讨会""大学精神与大学发展论坛"之类的活动，致力于培育、塑造与弘扬大学精神，这是时代使然，也是高校的一种进步。当然这也与以下两大背景有关。其一，我国高等教育已从精英化转向大众化。早在2003年，我国高等教育规模就已超过美国居世界第一，成绩有目共睹。然而大学教育中重术轻道、人文教育缺失确也成为一个不争的事实。我们到底要办什么样的大学？我们到底要培育什么样的人才？全国职业教育大会的召开，进一步敦促我们对大学教育使命这个基本命题进行重新思考。其二，大学从之前热闹非凡的合并风、改名风、升格风、迁校风后，在暂告段落趋于平静之时，新一轮争创一流大学、一流学科、实现大学跨越式发展的号角已吹响。我们的大学如何在新的挑战面前去竞争、凭什么竞争？我们如何在新形势下赢取新机遇、实现新跨越？这又是一个摆在各个大学面前无法回避的战略命题。

◆ 第一节　大学与大学精神 ◆

何谓大学？我国古代先哲曾有不少论述。《大戴礼记·保傅》中云："古者年八岁而出就外舍，学小艺焉，履小节焉。束发而就大学，学大艺焉，履大节焉。"据此可知，大学应是学大艺、履大节之地。《大学》开篇即云："大学之道，在明明德，在亲民，在止于至善。"其八目为格物、致知、诚意、正心、修身、齐家、治国、平天下，可见大学是育人修德之地、是培养国家栋梁之所。尽管大学的概念在不断演变发展，但其育人的基本理念至今未变。至于如何育人，梅贻琦在《大学一解》中曾有精辟论述："通专虽应兼顾，而重心所寄，应在通而不在专"，"通识为本，而专识为末"，"社会所需要者，通才为大，而专家次之，以无通才为基础之专家临民，其结果不为新民，而为扰民"。冯友兰在《论大学教育》中也曾明确提出"君子不器"的主张，认为"大学不是职业学校，不只在训练职业人才教育"，"大学教育除了给人一专业知识外，还养成一个清楚的脑子、热烈的心"。否则大学生离开学校时，不是一个和谐发展的人。所以，培育人格健全的人，是大学之所以为大学的基本精神。

现代大学发端于西方，因此不得不对西方的大学理念进行考察。最早研究此问题的是英国学者纽曼，他在《大学的理想》一书中指出，大学是一个"教学"的场所，是一个培育"人才"的机构，"如果大学的目的在科学与哲学的发明，那么我看不出为什么大学应该有学生"。而德国教育家洪堡则认为，大学是一个"研究"中心，教师的首要任务是从事"创造性学问"。后来美国教育批评家弗莱克斯纳发展了洪堡的大学理念，将大学的"教学"与"研究"功能结合起来，提出"教学"与"研究"并重的大学理念。美国加州大学前校长克尔认为，面临知识经济时代，大学应有新的"角色",大学的功能不止"教学"与"研究",还应有"服务"。自此,大学的"教学、研究、服务"三大功能已为人们所普遍接受。但不论是教学、研究,还是服务,都离不开知识,教学是保存、传授知识,研究是发展、创造知识,服务是推广、应用知识。所以,生产原创性的知识(学术),是大学之所以为大学的又一基本精神。

由此可知,大学的基本精神就在于它的两大最直接产品——学生和学术,"大学之大在于学生之大,大学之大在于学术之大"[①]。因此,大学不能没有精神,大学精神是大学之所以为大学的本质特征。

◆ 第二节 大学精神与大学发展 ◆

大学应该有其精神,那么何谓大学精神?各种表述很多,至今尚无定论。有人认为,大学精神是在大学理念支配下,经所有大学人的共同努力,长期积淀而成的稳定的共同追求、理想和信念,是大学生命力的源泉,是大学文化的精髓和核心。[②]也有人认为,大学精神是大学自身得以存在和发展的具有独特气质的精神形式和文明成果,是一所大学最富典型意义的特征,是一所大学整体面貌、水平、特色及凝聚力、感召力的反映。[③]笔者认为,大学精神至少应包括两个维度:一个维度是大学的共性精神,即大学之所以为大学的普遍精神,这是大学区别于其他社会组织的本质特征;另一个维度是大学的个性精神,即此大学之所以为此大学的独特精神,这是此大学区别于彼大学的本质特征。大学的共

---

① 刘琅. 大学的精神 [M]. 北京:中国友谊出版社,2004.
② 刘亚敏. 大学精神探论 [J]. 未来与发展,2000(6):61-64.
③ 李辉,钟明华. "大学精神"的本质特征及其建设思路 [J]. 中山大学学报(社会科学版),1999(2):115-119.

性精神使大学得以存在与发展，而大学的个性精神使大学历久弥新。正由于大学的独特精神，才使得一所所大学争奇斗艳、异彩纷呈，才使得整个大学之林充满活力、富有生机。所以，大学不仅应该有精神，而且应该有其独特的、富有个性的精神。这种独特的、富有个性的大学精神，正是大学充满勃勃生机、不断向前发展的宝贵精神财富，也是大学发展的生命力底蕴所在。

纵观中外有名大学，凡是取得辉煌成就、发展良好的大学，都具有其自身特有的文化个性与精神。如高举"爱国、进步、科学、民主"旗帜的北京大学，由于一贯倡导"思想自由、兼容并包"的精神，最后成为真正"囊括大典、网罗众家"的学府，成为中国大学的表征。作为"赔款学校"的清华大学知耻而后勇，"自强不息、厚德载物"，如今与北京大学交相辉映。还有在抵御外侮、多年抗战中成长起来的西南联大，凭借崇高的历史使命感和刚毅坚卓、求同存异、精诚团结的精神，终成现代中国科学家之摇篮。另外，像浙江大学的"求是"精神、中国科技大学的"理实交融"理念等，均以其独特的文化个性而声名远扬。国外的大学也能说明这一点。比如美国的大学，它们特别重视塑造自己独特的文化个性与精神，因此发展迅速、实力强劲、个性鲜明。如哈佛大学倡导"以柏拉图为友、以亚里士多德为友、以真理为友"，体现的是一种高贵的人文博雅传统，而斯坦福大学执着于"硅谷"，体现的是地道的美国实用主义观念。再如"普林斯顿大学以形而上的理论著称，麻省理工学院偏偏专攻形而下、以科技领先自豪"[1]。难怪有人说，美国，这个拥有世界上最多大学的国家，实际上也拥有世界上最具个性的大学。另外，"巴黎大学充满生机勃勃的斗争精神、博洛尼亚大学高擎理想主义旗帜的使命感、牛津大学的博大古典特色、剑桥大学的孤傲恬静气息"[2]，等等，均以各自的文化特色独树一

---

[1] 刘琅，桂苓. 大学的精神 [M]. 北京：中国友谊出版公司，2004.
[2] 刘琅，桂苓. 大学的精神 [M]. 北京：中国友谊出版公司，2004.

帜，闻名于世。

因此，立足本校，挖掘、凝练、培育与塑造富有个性的大学精神，对于增强大学综合实力、推进学校快速发展起着非常重要的作用。有人将这种大学精神的文化力称为21世纪大学发展的核心竞争力之一。

第八章

高职院校精神培育路径

大学精神，历来是专家学者热议的话题与研究的热点，然而对高职院校精神的研究并不多，最近十多年才开始有人关注高职院校精神培育的问题。究其原因，可能有三。

其一，近年来，国家重视并大力发展职业教育，高职教育也由此驶入快速发展的轨道，在数量上早已占据整个高等教育的半壁江山。然而，相对于高职院校"量"的扩张，高职教育"质"的提升并没有得到相应加强，具有高职教育特色的鲜明办学理念尚未完全形成，特别是与高职教育相对应的高职院校精神没有得到应有的培育与彰显。在当前大力推进内涵质量建设、做强我国高职教育的背景下，培育什么样的高职院校精神对于引领我国高职教育健康科学发展意义重大，事关高职教育的本质探索与价值追求。

其二，大学精神作为一所大学的灵魂与支柱，反映着一所大学的办学理念，彰显着一所大学的办学个性，是一所大学区别于另外一所大学的重要标志。同时，作为一所大学的"根"与"脉"，大学精神承载着一所学校的文化与传统，是一所学校的独有特色与品牌，也是一所学校发展的软实力与竞争力。塑造、培育大学精神对于高职院校打造独特文化品牌、提升竞争软实力具有战略意义。

其三，目前，我国大多数高职院校是在 21 世纪初由中专、技校、自修学校、成人高校等多所学校合并升格而成，升格初期的主要任务是完成办学规模的扩张与学校基础设施等硬件建设，较少顾及大学精神的培育。经过十多年的发展与磨合后，几所学校师生员工的价值与理念日趋融合，新的理想与追求日渐形成。学校迫切需要培育新的理念与精神，而且已基本具备培育的基础与条件，培育高职院校精神正当其时。

◆ 第一节　高职院校精神的内涵 ◆

研究高职院校精神，须先界定其内涵。本书拟从以下三个向度对高职院校精神的内涵展开分析。

一、从理念向度来剖析高职院校精神的本质内涵

大学精神是在大学理念的支配下不断升华积淀而成的。尽管大学理念不同于大学精神，但从理念的向度来剖析大学精神，必将有助于我们认识大学精神的本质。大学理念是人们对大学的总体看法和基本理念，主要包括核心理念（对"大学是什么"的理性认识）、办学理念（对"如何办大学"的科学回答）和教育理念（对"大学如何育人"的科学回答）等。高职教育起源于工业化时代，是基于产业分工对大量高级应用型技术人才的需要而兴起的。我国高职教育在 20 世纪末大规模发展与我国在工业化进程中产业转型升级需要大批高素质技能型人才相关。一直以来，"什么是高职教育、怎样办高职教育""培养什么样的人、怎样培养人"等事关高职教育本质的探索从未间断，并且随着我国高职教育的深入发展而不断深化。作为高等教育的一种类型，高职教育有着自己独有的类型特点与办学规律，高职院校如何摆脱过度功利化、工具性倾向，顺应自身发展逻辑、遵循内在运行规律，追求高职教育的应然状态与理想境界，这是高职教育

健康发展的根本所在,也是高职院校精神的本质内涵。

二、从功能向度来考察高职院校精神的基本内涵

大学之大在于精神之大,大学精神是一所大学文化的精髓和核心所在,是大学基业长青的内在逻辑,对大学的生存与发展起着决定性的作用。同时,作为一所大学整体面貌、水平、特色及凝聚力、感染力和号召力的反映,大学精神是一所大学的灵魂和支柱,是大学师生需求、理想、信念、情操、行为、价值和道德水平的标志,也是一所大学办出特色、办出水平、办出活力的源泉和动因,是一所现代大学凝聚力、生产力、创造力和生命力的源泉和动因。[①] 作为高职院校文化的精髓,高职院校精神是高职教育发展的灵魂,是一种文化软实力,也是一种核心竞争力,能"引领院校发展方向、引领院校师生前行、引领院校师生价值取向"[②]。高职院校精神对于高职院校犹如空气、水分、阳光对于植物,是高职教育发展的生命力与活力的源泉,对高院职校的发展起着导向与规范、凝聚与激励、熏陶与涵化等功能与作用。

三、从要素向度来解读高职院校精神的特定内涵

大学精神是一个内涵稳定、外延模糊、蕴涵极为深广的概念,其本身蕴含着丰富的内涵。至于包括哪些内容,仁者见仁,智者见智。诸如人文精神、科学精神、民主精神、学术自由、大学自治、爱国精神、创新精神、批判精神、拼搏精神、奉献精神等,分别被许多学者作为精神要素而纳入大学精神的内涵。笔者较为认同的一种概括为:大学精神的内涵主要包括"育人为本"的教育精神、自由探索的学术精神、"止于至善"的道

---

① 高桂娟. 大学精神与现代大学制度之建构——全国高等教育学研究会2003年度学术年会综述[J]. 理工高教研究,2004(3):131-132.
② 王明伦. 论高职院校精神[J]. 中国高教研究,2006(7):71-72.

德精神、引导社会的批判精神。① 对于高职院校精神的特定内涵，不同的学者也有着不同的见解。如有学者将其解读成是"文化精神和技术精神的和谐统一"，认为"培养技术应用型人才以及进行技术开发是高职院校的重要功能和鲜明特色，因此，技术精神是高职院校必须弘扬的一种最基本的精神"，"文化精神相对于技术精神来说，是首要的，是技术精神的不竭动力和力量源泉"，两者可以相通相融，相互促进。② 也有学者从态度、能力、方式三个角度将高职院校精神的特定内涵诠释为"职业情怀、经世济用和开放协作"等。③ 因此，高职院校精神较之传统大学精神，虽同构但异质，其中体现在要素的角度，主要是因为高职教育具有自身的类型特点与特定内涵。

据上分析，笔者认为，高职院校精神是高职院校在长期发展过程中凝练而成的对学校发展起决定性作用的核心价值与理念，是对高职教育质的规定。

◆ 第二节　影响高职院校精神形成的主要因素 ◆

高职院校精神是高职院校在办学实践过程中对其大学理念、组织价值进行内化、升华及理论抽象与价值凝练的结果，它的形成受到各种精神文化的影响。大体而言，主要受到以下四种文化的影响。

一、大学文化

高职教育作为高等教育的重要组成部分，首先是一种高等教育，具有

---

① 高桂娟. 大学精神与现代大学制度之建构——全国高等教育学研究会2003年度学术年会综述[J]. 理工高教研究，2004（3）：131-132.
② 王明伦. 论高职院校精神[J]. 中国高教研究，2006（7）：71-72.
③ 陈云涛. 高职教育视域下的大学精神重构[J]. 高等教育研究，2009，30（7）：61-65.

所有高等教育的基本特质。因此，高职院校作为一种大学组织，理应具有所有大学组织应有的基本职能与特性，如组织教学科研、开展社会服务、创新引领文化、传承人类文明。此外，更应具有所有大学所必须具备的基本精神，特别是人文精神与科学精神。有人认为，高职院校不像大学，就是因为有些高职院校功利倾向明显、工具理性过度，只重视学生技能的培养，而忽视学生人文精神和科学精神的培育。高职院校一旦缺乏人文精神和科学精神，即使有大学之名，也无大学之实，算不上真正的大学。① 大学之大，在于学生之大、学术之大。高职院校作为大学组织，不是中专技校，也不是职业培训机构，它是有着自己独有的大学文化基因的，这种独有的文化基因就是大学精神，这是高职院校作为大学组织区别于其他社会组织的本质特征。因此，高职院校精神的形成首先受到人文精神与科学精神等大学精神文化的影响。

二、行业文化

作为高等教育的一种类型，高职教育姓"高"名"职"，职业性是其区别于传统大学的显著特征。高职院校在办学定位、办学方式、培养模式等方面都与传统大学有着明显的差异。如在办学定位上坚持"以就业为导向、以服务为宗旨"，体现"依托行业、面向市场、服务社会"的办学特点，突出"校企合作、工学结合"的办学方式与人才培养模式。高职院校在吸纳、承接传统大学精神的同时，必须凝练能彰显高职教育自身特点的高职院校精神，使高职教育找到源于自己、属于自己的文化归宿与价值追求。其中，行业文化、职业精神是高职院校精神应凸显的特征之一。高职院校是应行业建设需要兴办的，每一行业都具有本领域的特性与职业精神，学生必须熟悉、认同这种行业文化与精神。因此，培育高职院校精神必须从行业文化中找寻精神因子。

---

① 侯长林，周鸿. 高职院校的大学精神与区域社会经济发展 [J]. 高等教育研究，2009，30（9）：59-62.

三、地域文化

我国疆域辽阔,地域间文化差异很大。地域文化作为文化的一个分支,其本身具有一种强大的精神力量。所谓"一方水土养育一方人",其实质就是地域文化对人所起的潜移默化的熏陶作用。地域文化一旦被认可、接受并深入人心,就会对人的性格、价值、态度等产生强烈的影响。如北方人粗犷豪放、南方人温柔和婉,就是不同地域文化长期作用下形成不同地域人的性格特点的鲜明体现。现代大学倡导开放办学,与地方的交流合作越来越多,因而深受所处地域文化的影响。高职院校,特别是高职院校精神,在其形成过程中也不可避免地受到学校所处地域的历史、文化、地理、环境等因素的影响,深深打上地域文化的印记。高职院校作为本地域传统精神与现代文明积淀、传承、发展、创新的基地,应当提炼出富有区域特色的地域文化精神,并从中吸取先进要素,使之成为高职院校精神的重要组成部分。[1]

四、传统文化

每一所大学,都是从小到大、由弱转强一步步发展壮大起来的,在这个发展过程中,凝聚着一代又一代办学人的智慧和心血。所以,学校发展的历史本身既是一部奋斗史、发展史,更是一部精神史、思想史,是形成大学精神最重要的因素,弥足珍贵。高职院校也不例外,其所经历的发展历史和办学传统,是独一无二、充满个性特点的,是其他学校无法复制与替代的,这种唯一性,就是形成高职院校精神特征最重要的元素,应当从中汲取养料。高职院校要注意收集办学过程中的各种资料,特别是发展关键时期的历史资料,如学校发展历史中的关键事件(学校合并升格、迁址、校庆等),关键时期的关键人物(历任校长、知名教授、杰出校友

---

[1] 侯长林,周鸿. 高职院校的大学精神与区域社会经济发展[J]. 高等教育研究,2009,30(9):59-62.

等），同时还要关注合并前几所学校优秀办学传统风格的传承提升，等等，所有这些都是形成高职院校精神最鲜活、最富有独特个性的源泉。

◆ 第三节 高职院校精神的培育路径 ◆

大学精神的形成绝非一朝一夕之功，而需一代代大学人的长期努力与精心培育。高职院校精神的塑造、培育亦是如此。

一、凝练与提升价值理念是培育高职院校精神的核心路径

高职院校精神的培育，核心是要解决价值理念问题。其中带有本质意义的价值理念有两个：一个是办学理念，即"办什么样的高职教育、怎样办高职教育"；另一个是教育理念，即"培养什么样的人、怎样培养人"。在办学理念方面，院长的治院思想至关重要，它对高职院校精神的形成，起着不可替代的作用。事实证明，与国外高职院校相比，我们的差距不在校园占地面积上，也不在教学设施上，而在发展理念和对前沿问题的把握上，也就是说差距不在外而在内（精神）。高职院校精神的建设要靠院长先进的办学理念来引领，需要在市场竞争中靠高质量来铸造，而不是靠数量增长、规模扩张形成的。[①] 因此，要特别重视院长治院思想的总结凝练与提升光大。在教育理念方面，核心是要解决育人问题，其中关键是要教会学生如何做人与怎样做事，努力做到立德树人与全面发展有机统一。当前尤其要"着力提高学生服务国家服务人民的社会责任感、勇于探索的创新精神和善于解决问题的实践能力"。

---

① 王明伦. 高等职业教育发展论［M］. 北京：教育科学出版社，2004.

二、健全与完善大学制度是培育高职院校精神的关键路径

制度建设是培育大学精神不可或缺的支撑和保障。制度安排是特定组织内精神与理念的外在表现形式，反过来，制度安排又培育和营造了组织内部特有的文化氛围，进而内化为组织中个体的精神人格、价值诉求、理想信念和行动取向。因此，要弘扬和培育大学精神，保证高等教育持续科学发展，关键在于大学制度的创新。[1] 对于发展时间不长的高职院校来说，健全与完善大学制度对于高职教育健康科学运行尤为重要，是培育高职院校精神的关键路径。当前特别要注意加强以下规章制度的建设：一是真正构建起体现"就业导向、能力本位、校企合作、工学结合"的人才培养模式，并据此建立健全涵盖专业设置、课程开设、师资队伍、基地建设、考核评价、监督反馈等方面的一系列科学规章制度；二是切实建立起覆盖所有工作环节的质量管理与责任体系，健全涉及教学、科研、管理、人事、财务、资产等方面的一系列内部管理制度，落实工作责任，提高管理效能；三是努力形成"校长治校、专家治教、教师治课、学生治心"的统一运行体系，构建师生关系和谐、管理科学规范、富有浓郁人文气息的制度氛围环境。

三、建设与创新校园文化是培育高职院校精神的基础路径

校园文化建设对于培育、塑造与彰显大学精神意义重大，是培育高职院校精神的基础路径。

首先要加强校风建设。校风是学术氛围和人文氛围的结合，是大学精神的外在表现，是培育与弘扬大学精神的"小环境"。[2] 校风主要包括教风、学风和作风，其中关键是学风，当前特别要注意学术腐败问题。高职院校要充分发掘办学过程中业已形成的良好办学传统并使之发扬光大，同

---

[1] 陈传林. 大学精神与高校持续发展的深层问题[J]. 理工高教研究，2004（3）：4-6.
[2] 陈传林. 大学精神与高校持续发展的深层问题[J]. 理工高教研究，2004（3）：4-6.

时要大力加强师德师风与职业道德建设，努力营造风清气正、宁静致远的良好风气。

其次要加强校训、校标、校歌、校徽等校园精神文化载体建设。校训、校标、校歌、校徽等校园文化标志是教育思想和办学理念的高度凝练与概括，具有标识学校特色、凝聚师生员工、激励师生进取的功能与作用。高职院校要高度重视这些校园精神文化载体与标识系统的建设与运用，让师生从中领悟与接受高职院校精神的熏陶。

最后要加强校园特色文化建设。高职院校校园文化建设必须立足"职业教育"特点，凸显"职业性"特色。要正视高职办学目标与人才培养模式的特殊性，将职业特征、职业理想、职业态度、职业道德等职业所需的人文素养等"职业性"素质有机融入校园文化活动，培养学生的职业能力、职业精神和职业人格。如鼓励支持专业性、创业性学生社团活动，培育打造基于职业特征的校园文化品牌等。

四、累积与运用校友资源也是培育高职院校精神的重要路径

"建立一个新的大学很难，难就难在优秀校友资源的积累"[①]。校友尤其优秀校友，是大学文化和大学精神的对象化产物，是大学的形象、品牌，也是大学发展的重要资源。高职院校应积极挖掘优秀校友的激励、示范事迹与所取得的成就，并充分发挥他们在大学精神塑造方面的重要作用，如在校园内为杰出校友塑像、建立校友会，不定期邀请优秀校友来校讲学，等等。高职院校建校时间普遍不长，更要积极主动地重视累积与运用校友资源，充分发挥其在塑造高职院校精神中的重要作用。如有些高职院校开办校友课堂，邀请杰出校友来校演讲，还有些高职院校发动校友建立思源基金帮困助学等，都是非常有意义的。

---

① 沈国英，马维娜. 大学精神及其他 [J]. 南昌航空工业学院学报（社会科学版），2005（2）：90.

第九章 高职院校文化品牌建设策略

我国高职教育在经过约二十年快速发展后，目前已从规模数量扩张步入内涵质量建设的新阶段。各高职院校在关注校园基建、实训基地、师资力量、专业课程等硬实力建设的同时，更加注重办学理念、学校精神、文化价值、校风学风等软实力的提升。实践证明，硬实力是强硬的，而软实力是致命的。自哈佛大学教授约瑟夫·奈提出软实力概念后，国内不少学者将其引入高职教育，认为软实力是高职院校的核心竞争力[1]，直接事关高职教育内涵建设与可持续发展；同时认为文化力是高职教育软实力的核心，在高职院校核心竞争力的诸多要素中居于核心地位[2]，并提出要大力加强高职院校文化软实力建设。而文化，作为软实力的首要资源，其本身并不直接代表软实力或立即产生竞争力，只有经过建设、形成品牌的文化才有可能产生文化力，才有可能成为软实力。因此，高职院校要以高度的文化自觉重视文化建设，通过实施文化品牌发展战略，以彰显高职文化的品性与价值，不断提升高职教育的文化软实力。

---

[1] 高庆. 高职教育的软实力及其提升[J]. 化工职业技术教育，2008（1）：21-23.
[2] 钟建宁，杨成. 加强基于核心竞争力的高职院校文化建设[J]. 中国高等教育，2009（20）：50-51.

◆ 第一节　品牌与高职院校文化品牌 ◆

何谓品牌？不同的研究者有不同的表述，目前大家比较认同的是著名市场营销大师菲利普·科特勒对"品牌"所下的定义，即"品牌是一种名称、名词、标记或设计，或是它们的组合运用，其目的是借以辨认某个销售者或某群销售者的产品，并使之同竞争对手的产品区别开来"[①]。其实，作为一个市场概念，品牌应该是一个系统，我们可以从不同的视角予以解读。从企业的角度看，品牌是产品名称、属性、质量、形象、信誉等的总和，用于区别不同产品与销售者，是一种标识，也是一种实力。从消费者的角度看，品牌是消费者对于企业、产品、标志、品质等的评价，是一种口碑。从法律的角度看，品牌是一种商标，具有使用的排他性。从文化的角度看，品牌是一种格调，蕴含文化价值取向。从经济的角度看，品牌是一种无形资产，是隐性资源，蕴藏巨大财富。[②] 因此，作为一个品牌，它应该具有特定的质量水准与文化底蕴，个性特征明显，同时还应具有一定的口碑与社会影响力。

基于上述理解，笔者认为，高职院校文化品牌就是指高职院校在文化建设方面所积淀与培育的具有特定质量水准与文化底蕴、个性特征明显、在校内外具有一定口碑与影响力的无形资产，是一种文化软实力。首先，它应该具备特定的质量水准与文化底蕴。质量是品牌的生命，作为一所高职院校的文化品牌，它代表着该高职院校在该文化建设中所达到的品质与水准，蕴含着该文化的理念与价值，也体现着该文化的品位与追求。这是

---

① 菲利普·科特勒. 营销管理：分析、计划和控制［M］. 梅汝和，等译. 上海：上海人民出版社，1996.
② 方中雄，陈丽，等. 学校品牌策划［M］. 重庆：重庆大学出版社，2009.

高职院校文化真正成为品牌的首要特征,也是内在的最根本特征。其次,它应该具备鲜明的个性特征与校本特色。一个品牌,个性特征越明显,就越容易为人所识别。校本特色越鲜明,其他学校越难模仿,也就越容易产生竞争优势。所以,作为一所高职院校的文化品牌,它应该在文化品牌的名称、理念、标识等方面体现个性化风格,最好能在行业特色、专业特点、职业特征等方面体现校本特色,凸显独特性。最后,某种文化一旦形成品牌,它就会成为一种无形资产,就是一种文化软实力,在学校的竞争中会发挥出无可替代的独特作用。同时,作为一种隐性资源,文化品牌所具有的光环效应、马太效应、激励效应与带动效应,使得它在学校发展中产生难以想象的功效。

◆ 第二节 高职院校文化品牌建设中存在的主要问题 ◆

当前高职院校文化品牌建设中存在的主要问题可概括为以下五个方面。

一、无的放矢

首先,对于培育什么品牌,定位不清。事先缺乏充分调研与科学分析,瞎子摸象,没有找准自身竞争优势,定位不清不准,所选的文化品牌培育项目既没有体现高职文化建设的方向,也没有彰显自身价值与优势。有些高职院校干脆不去定位,存在跟风现象,人家培育什么品牌,他们也跟着培育什么,所培育的文化项目毫无特色,缺乏文化个性。

其次,对于怎样培育品牌,心中无数。缺乏总体设计或设计不科学,存在着走一步看一步,做到哪算到哪的情形,导致品牌最终能否培育成功,心中没底。

二、过程脱节

过程脱节主要表现在以下三个方面。

一是建设内容与事先所定位的品牌塑造方向相脱节。尤其是与品牌项目设计时所定位的核心价值理念相分离,建设内容呈现表面化与浅层化,没有体现学校人才培养特点与办学定位特色。

二是建设途径与其他教育渠道、教育环节相脱节。没有很好地与专业课程建设有机结合,也没有相应的教学科研、后勤服务等作保障。

三是建设人员单一,没有教学科研部门与专业教师的广泛参与。有的仅靠团委、学工部门人员操作实施,极大地限制了文化品牌培育的资源整合与功能发挥。

三、本末倒置

不少高职院校在建设文化品牌的过程中,由于过于注重外在宣传与表面文章,而忽视了文化品牌理念内化与价值提升等内涵拓展。比如有些高职院校在建设文化品牌时,将所开展的相关校园文化活动拼凑累加在一起,美其名曰某某文化品牌,看似活动丰富、热闹非凡,实则缺乏内在理念的提升,品牌核心价值缺失。又如,有些高职院校在建设文化品牌时,不重实实在在的建设,而是大做总结包装的文章,将文化品牌概念化、虚拟化,刻意"将单一化、符号化和缺乏内涵的空心怪物包装成立体化、个性化的优秀品牌项目"[1],最后适得其反。

四、急于求成

一个品牌的形成需要时间,需要经历从初创期、成长期到成熟期、后成熟期的建设阶段,不可能一夜成名、一蹴而就。有些高职院校在建设品

---

[1] 沈威,姜国玉. 当前高校校园文化品牌培育的现状分析与对策[J]. 思想政治教育研究,2011,27(1):101-104.

牌时急功近利、急于求成，在培育中大干快上，某一文化项目刚刚有点成绩时就大肆宣传，热衷参加评比，希冀一夜成名。可热度一过，就撒手不管了，又转向培育另一个品牌。要知道，一个品牌的形成是资源不断整合的过程，是价值逐渐凝练的过程，更是内聚人心、外树形象的渐进过程，需要长期的精心培育与全力塑造。品牌理念的内化需要时间，公众影响的树立需要时间，从知名度到美誉度的形成更需要时间，品牌建设急不得。

五、虎头蛇尾

一个品牌的真正形成，需要自始至终、坚持不懈的努力，需要经过品牌调研、品牌定位、品牌设计、品牌培育、品牌扩张、品牌维护与创新、品牌传播等品牌塑造过程。有些高职院校前面几个环节都很顺利，通过调研，提出了文化品牌定位，设计了建设方案，可是做着做着就走样了，有的干脆就不做了，结果是功亏一篑。究其原因，可能有三。一是进取心不够。由于缺乏相应的监督、激励机制与财力保障，使得培育文化品牌的积极性与工作热情受到影响，同时缺乏应有的文化自觉，导致进取不够、激情缺乏。二是自信心不够。高职院校文化建设基础差，在品牌培育过程中遇到的困难与问题较多，导致心浮气躁、信心不足，最后知难而退。三是意志力不够。学校无竞争的环境使得培育文化品牌的压力感不强，再加上品牌培育的长期性，导致品牌培育动力不够，半途而废。

◆ 第三节 基于软实力视角的高职院校文化品牌建设策略 ◆

一、高职院校文化品牌的定位策略

品牌定位是品牌建设的基础，定位不准，品牌很难形成。高职院校在进行文化品牌定位时，要在调研分析自身相对竞争优势的基础上，选择确定那些具有核心相对竞争优势的方面，并通过制定有效措施，形成清晰的文化品牌培育路径图。

首先，分析相对竞争优势。运用SWOT（S代表优势，W代表劣势，O代表机遇，T代表挑战）工具，分析学校自身在文化建设方面的优势、劣势以及外部环境给学校所带来的机遇与挑战。在学校自身优劣势的分析方面，重点分析自身的优势，比如体现行业特征、职业特点、专业特色方面的文化，体现地理区域、文化传统、地方特性方面的文化，以及体现学校精神、办学理念、师生特质方面的文化，等等。在学校外部环境所带来的机遇与挑战方面，重点分析形势、政策所带来的资源与机遇，相关竞争学校的同类文化项目的建设情况（如实力、影响等）。通过分析，找出具有自身相对竞争优势的方面，其中可能既有显性与隐性的方面，也有开发成本高一点与低一点的方面。

其次，确定核心优势项目。在具有自身相对竞争优势的文化建设方面，选择确定那些个性特色鲜明、具有核心相对竞争优势的项目，作为自身文化品牌的定位。这样定位以后的文化项目经过精心培育才有可能成为具有较强竞争力的品牌。当前高职院校文化建设跟风现象严重，趋同化情况明显，文化个性不强、特色不鲜明。因此，高职院校在进行文化品牌定位时，要运用差异化定位策略，选择那些具有自身个性与特色的优势文化作为品牌培育项目。彰显高职院校文化个性可以通过以下三个维度来考量：一是高等性，大学文化要区别于企业文化、社区文化；二是职业性，高职院校文化要区别于普通本科院校的大学文化；三是类别性，要区别于不同类别的高职院校文化。高职院校首先要将那些"人无我有、人有我精、人精我特、人特我优"的文化项目作为核心优势项目来加以重点培育。

最后，开展顶层设计。确定具有核心竞争优势的文化培育项目后，高职院校还要围绕"培育什么样的品牌、怎样培育品牌"开展顶层设计，从品牌理念、品牌行为、品牌形象等方面进行系统谋划，制定具体举措，对每一阶段的培育路径进行规划设计，以防止建设内容与所定位的品牌塑造方向相分离、建设途径与其他教育渠道（教育环节）相脱节、建设资源分散机制缺失等问题。顶层设计是定位策略的重要组成部分，它是实现定位、形成品牌的路径图。有了顶层设计，不仅使师生员工对于"培育什么样品牌"心中有数，而且对于"怎样开展品牌培育"充满信心。

二、高职院校文化品牌的培育策略

品牌培育是品牌建设的关键，事关品牌定位目标的实现与品牌的真正形成。高职院校在文化品牌培育过程中，尤其需要注意以下几点。

第一，在培育内容上，注重品牌理念的挖掘与践行。文化品牌项目核心价值的形成、内化过程，是品牌内涵不断深化的过程，也是文化软实力逐渐形成的过程。文化品牌的理念尤其是核心理念的挖掘与践行，是作为一个品牌项目质量水准与文化底蕴的核心要求与本质体现。高职院校要组织开展围绕体现品牌核心理念与价值的系列培育活动，来彰显与实现品牌价值。比如，某卫生高职院校在塑造人文素质教育品牌项目时，按以下思路来挖掘确定核心理念，从"人文素质"到"职业人文素质"，并且根据该校"培养高素质卫生技术与健康服务相关人才"的人才培养目标定位，提出"职业人文素质"的三大核心要素，即"仁爱思想、健康理念、生命意识"。根据这样的理念，该校开设了"健康人文""胎教音乐""孕妇瑜伽"等体现专业特色的人文类课程，组建了"爱心社""阳光社""临终关怀实践服务队"等体现职业素质的相关学生社团组织，开展了"青春健康教育""生命教育""爱心文化节"等体现职业特点的主题教育活动，来打造"大爱文化下的学生人文素质教育"品牌。

第二，在培育途径上，可采用项目化运作方式。实践证明，文化品牌培育采用项目化运作对于整合人、财、物、技术等资源，统筹专业、课程、教学、科研等各个环节，效果明显。通过项目化运作，充分发挥市场配置资源优势,同时通过竞争,进一步激活与提升品牌活力。对于已选定的文化品牌培育项目,采用招投标形式,通过校内公开招标,师生撰写标书,参与答辩竞标,最后经优胜劣汰从中选定培育方案。确定文化品牌培育方案后,学校还要与项目负责人签订合同,提出项目培育的目标任务、明确项目检查验收的进度要求。同时也要为之提供必要的资源、创造相应的条件,以确保项目顺利、成功培育。

第三,在培育机制上,要形成全程、全方位的建设机制。一要建立联动机制。探索建立有关文化品牌建设的齐抓共管、共建共享机制,通过"校院联动、部门联动、师生联动和内外联动"[①],努力形成以学生为主体、以教师为主导、以学校为主要推动力、以社会为重要阵地的共建局面。二要加大投入力度。建立相应的财务保障机制,加大对文化品牌培育的资金投入,建设必要的文化设施与场地,支持开展相关的文化培育活动,等等。三要完善考核激励机制。对于那些已经列为品牌培育的文化项目,要提出阶段性的考核目标与要求,并开展必要的检查督促。同时,出台政策奖优扶强,如通过组织开展校园文化品牌评选活动,让那些具有培育潜质的优质文化项目脱颖而出等。

三、高职院校文化品牌的传播策略

品牌传播贯穿品牌建设的始终,是品牌提升价值、扩大影响,进而彰显竞争力、形成软实力的重要途径。通过品牌传播,内聚人心、外树形象,最终达到由知名度到美誉度并向忠诚度的转变。

首先,要纠正认识上的几个误区。一是认为品牌传播就是炒作与包装。于是对于文化品牌的传播要么不屑一顾、不闻不问,要么夸大其词、大肆炒作。其实不然,品牌传播就是实事求是地将文化品牌项目的理念、做法、效果与经验等情况通过媒介呈现给受众,靠欺诈性的包装与炒作是

---

① 俞松坤. 从软实力视角论大学文化品牌建设 [J]. 时代教育(教育教学),2010(9):12-14.

产生不了真正品牌的。二是认为品牌传播只需外部传播，在学校内部没必要进行传播。实际上，内部传播也非常重要，通过校内传播。一方面能让师生准确理解品牌建设的理念与行动，这样才能凝聚共识，让师生参与共建；另一方面当校内师生及时了解品牌的建设情况后，他们又可以成为文化品牌对外传播的重要力量。三是认为品牌传播要在品牌建设完成后才开展，建设过程中不需要传播。这种认识显然是错误的，其一，品牌建设何时完成，没有界线；其二，品牌建设过程中的每个环节都需要传播，通过传播，凝聚共识、推进工作、增进了解、扩大影响。因此，品牌传播必须贯穿品牌建设的整个过程。

其次，运用传播规律开展有效传播。围绕"为何传播、谁来传播、传播给谁、传播什么、怎样传播"等传播要素，研究确定文化品牌的传播目标、传播主体、传播受众、传播信息与传播渠道。一是确定传播目标。不同的阶段应有不同的目标，在传播前，要研究确定文化品牌的阶段性目标与终极性目标。二是明确传播主体。原则上全校师生都是传播主体，都有义务为学校文化品牌进行传播宣传。在文化品牌建设的不同阶段，需要不同的传播主体。比如初创期，品牌负责人传播最理想；成长期，传播主体可以更多元；成熟期，多多益善，由校外人员来传播效果更佳。三是选择传播受众。根据传播目标而定，重点要研究分析受众特点与接受心理，特别是要研究学生的接受心理与参与特点。四是设计传播信息。选择重点信息，尤其是体现品牌核心理念与价值、具有鲜明个性的独特性信息，这样的信息传播识别力较强。五是选择传播渠道。其要点是在恰当的时候选用恰当的媒介，通过选用报刊类、广电类、活动类、网络类等传播媒介，使品牌增值、影响扩大。

最后，要精心设计形象识别系统。建立形象识别系统对于直观展示品牌个性与形象，获取校内外对于品牌的价值认同与身份识别，进而实现知名度与美誉度提升，作用显著。高校形象识别系统是借鉴企业形象识别系统而形成的，它包括理念识别、行为识别与视觉识别三大系统。目前在高职院校，立足整个学校建立形象识别系统较为多见，但针对某个文化品牌设计形象识别系统较为少见。为高效开展品牌传播，扩大品牌知名度与影响力，高职院校有必要精心设计文化品牌形象识别系统。一是提炼体现品牌理念与价值的宣传用语。宣传用语要言简意赅，文字不宜过长，以6~12字为佳，同时要文辞优美，朗朗上口，以便识记与传播。二是设计具有品牌标识功能的视觉识别系统。标识信息元素（文字、图案、色彩等）要简洁、鲜明、准确，能体现品牌个性特征，要有视觉冲击力。三是塑造形象人物或事件。如打造能代表品牌影响的人物，挖掘能彰显品牌地位的标志性事件，物色能拓展品牌形象的代言人等。

实/践/探/索

塑仁心、强仁术、讲奉献、佑健康
——宁波卫生职业技术学院建设仁爱文化、培育职业精神的理论与实践

(本案例来源于宁波卫生职业技术学院仁爱文化研究中心)

习近平总书记在党的十九大报告中指出,深入挖掘中华优秀传统文化蕴含的思想观念、人文精神、道德规范,结合时代要求继承创新,让中华文化展现出永久魅力和时代风采。文化育人是更高境界的育人,在高素质人才培养中具有不可替代的作用。对学校来说,文化是魂——文化作为大学建设发展的基本形态,核心是学校的办学理念和价值追求,标志是教师的素养、学生的素质和学校的校园风气。习近平总书记曾高度赞扬广大卫生与健康工作者"敬佑生命、救死扶伤、甘于奉献、大爱无疆"的职业精神。卫生与健康工作者担负着"健康所系,性命相托"的神圣职责。对卫生健康类高职生来说,必须培育"敬佑生命、救死扶伤、甘于奉献、大爱无疆"的职业精神。对卫生健康类高职院校来说,建设仁爱文化是培育学生职业精神的必由之路。宁波卫生职业技术学院(以下简称"学院")积极探索仁爱文化理论,扎实推进仁爱文化实践,获批全国职业院校校园文化建设"一校一品"文化品牌示范基地。

一、仁者爱人:仁爱文化的逻辑意蕴

"仁爱"最早由孔子提出,基本定义是"爱人",目的是倡导人与人之间要有仁爱之心、仁慈之心、仁义之心。

（一）仁爱

"仁"，《说文》载："仁，亲也。""爱"，《尔雅》载："惠，爱也。""仁爱"，语出《淮南子·修务训》，指宽仁慈爱，爱护、同情的感情。仁是内在本质，爱是外在表现。老子曰"与善仁"。仁是有仁爱之心，意思是与人交往要友爱、真诚、无私。

（二）仁爱的内涵

孔子开创的儒家思想把"仁"作为最高道德规范，"仁"成为中华民族文化精神之源，对我国文化和社会的发展产生了重大影响。

1. 亲人之爱

"仁"的核心是爱人，即"仁者爱人"。《论语》中对"仁"的经典解释莫过于"爱人"二字。仁者爱人，是仁者最本质的内涵。"爱人"即是说要有仁德之心，尊重他人、关爱他人。孔子讲的"爱人"不是指特定的群体，而是指爱一切人。

2. 忠恕之道

忠恕之道是仁爱精神的具体化。孔子从仁的基本内涵出发，既提出了如何达到仁的境界的内在要求，又阐发了如何实行仁的外在行为原则即忠恕之道。忠是对自己的要求，表现为一种认真、虔诚的态度；恕是对他人的要求，表现为对他人的尊重、宽容。

3. 恻隐之心

孟子提出了人要有恻隐之心，"恻隐之心，仁之端也"，"恻隐之心，人皆有之"。看见别人的悲伤，自己也会悲伤，以至于不想让别人悲伤；当一个人怜悯别人时，就会变得充满仁爱。

4. 仁敏之行

仁爱强调知行合一。"仁爱"在中国传统文化中不仅仅体现"慈悲"和"侠义"，更隐含着"敏感"，即对周围、对他人敏感。"仁者爱人"，就是要求做到敏感，将践行作为仁爱之始。

(三) 仁爱与中华优秀传统文化、中华传统美德的内在关系

中华优秀传统文化是中华民族的精神命脉，对中国特色社会主义建设具有重大意义。中华优秀传统文化主要包括古典经学、民族精神、传统美德等。中华传统美德是中华文化的精髓，也是新时代道德建设的不竭源泉。① 中华传统美德涉及社会生活的各个领域，归纳起来主要为"修身""齐家""治国"三个方面，包含个体对自己、对他人、对社会的期待和要求。关于中华传统美德，学者的研究比较多。有学者概括出"中华十大传统美德"：仁爱孝悌、谦和好礼、诚信知报、精忠报国、克己奉公、修己慎独、见利思义、勤俭廉政、笃实宽厚、勇毅力行。有学者认为，"仁、义、礼、智、信"是中华民族传统美德的核心价值理念和基本要求。卢志宁等在《中华优秀传统文化》一书中将中华传统美德概括为"仁爱孝悌、勤劳节俭、明礼诚信、安贫乐道、浩然之气"。也有学者表示，在"仁"的情感范围由家族扩展到社会的同时，"仁"的道德内涵和道德地位也得到了进一步丰富和提升，成为中华民族传统美德的第一要素。从目前学者研究成果可以看出：中华传统美德中，仁爱孝悌为首；仁爱孝悌中，仁爱当先。由此可见，仁爱既是中华传统美德的集中体现，更是中华优秀传统文化的重要组成部分。

二、仁爱文化：卫生健康类高职院校培育职业精神的路径选择

高职院校的文化具有崇尚道德、感恩社会、关爱自然等共性。仁爱文化，就是把仁与人的本质联系起来，把仁作为处理人际关系的道德准则，把仁作为一种具体的生活方式。

(一) 敬佑生命、救死扶伤、甘于奉献、大爱无疆：卫生与健康工作者的职业精神

职业精神与人们的职业活动紧密联系，具有职业特征的精神与操守，

---

① 沈永福. 新时代中华传统美德的传承与发展 [J]. 红旗文稿, 2020 (10): 30-32.

从事一种职业就该具有精神、能力和自觉。对卫生与健康工作者来说，职业精神既是一种态度，又是对医学事业的信念、信心，并体现出自己的价值取向。卫生与健康工作者的职业精神始终是全社会高度关注的话题。2016年8月，习近平总书记在全国卫生与健康大会上高度赞扬广大卫生与健康工作者"敬佑生命、救死扶伤、甘于奉献、大爱无疆"的职业精神。卫生与健康工作者的职业精神对卫生与健康工作者提出了更高的要求、更大的期待，一经提出便成为卫生与健康工作者的使命担当和价值追求。2020年，突如其来的新冠肺炎疫情席卷全球，"生命至上、举国同心、舍生忘死、尊重科学、命运与共"的伟大抗疫精神在我国广大卫生与健康工作者身上得到了充分展示，卫生与健康工作者"披甲出征，以命相搏"，受到全社会空前关注和一致好评。

（二）仁爱：卫生健康类高职院校文化内核

高职院校文化很大程度上决定了高职生的职业道德素质和职业能力水平。高职院校文化建设，既是传承创新先进文化的需要，又是推进学校科学发展的需要，更是促进学生成长成才的需要。通过对全国2000多所高校中的150多所卫生健康类高校校训进行大数据分析，本科院校中5所校训中直接含有"仁爱"（包括"仁""爱"），10所校训中含有"济世"（包括"济生"）；高职院校中12所校训中直接含有"仁爱"（包括"仁""爱"），13所校训中含有"济世"（包括"济生""济民"）。这启示我们：虽然高职院校文化具有多元性，但是仁爱成为卫生健康类高职院校的文化内核。卫生健康类高职院校文化建设必须体现仁爱特色，以仁爱为统领，融入传统医德中的敬畏生命、贵义贱利、仁善立业等仁爱元素，创建心中记仁爱、行为显仁爱的校园氛围；必须融入卫生健康类领域的文化特色，凝练卫生健康类高职院校的文化特质。

1. 卫生健康类高职院校人才培养呼唤仁爱文化

人才培养是高职院校办学的终极目标，文化是高职院校人才培养的重要条件。当前，国内卫生类院校人才培养目标一般定位为，培养医学科学精神与医学人文精神相结合的技术技能型人才,特别强调培养"关爱病人、敬畏生命"的医学人文精神。医学的本质是增进健康,目的是延长人的生命,这决定了医学与"仁爱"有着天然或必然的联系。古今中外,医学被称为"仁术",医生被誉为"仁爱之士","仁"是联结医学和医生的纽带。① 在内心深处形成仁慈的品质,形成悲天悯人的品格,是医护人员首要、必要的条件。悬壶济世、治病救人是医学赋予医护人员的神圣职责,仁爱是医护人员的职业之魂。卫生健康类高职院校人才培养呼唤仁爱文化。卫生健康类高职生毕业后主要从事卫生健康类工作,堪称"健康使者"。工作特殊性和职业特点决定了要求既具有扎实的专业技能及良好的职业精神和人文素养,又具有博大的爱心和健全的人格,这就要求卫生健康类高职院校紧紧围绕立德树人根本任务,结合医学教育的特点,有机地渗透"仁爱"教育,培养学生以"仁爱、健康、奉献、创新"为主旨的核心素养。

2. 仁爱文化是卫生健康类高职院校文化之基

随着职业教育的发展,要交给学生专业技能("干粮"),也要交给学生核心能力("猎枪"),更要交给学生价值观("指南针")。② 如果长期坚守一种仁爱态度,就会形成一种仁爱素养,就会养成一种仁爱品性,这种仁爱品性就会引领学生形成一种创造的、幸福的、诗意的生活方式,就会融入学校教学、管理、服务各个环节,形成积极向上的价值观。仁爱文化是卫生健康类高职院校文化之基。卫生健康类高职院校文化建设中要渗透仁爱教育理念,处处有教育者的思考、留下受教育者的足迹;渗透出平等、关爱的人文气息,彰显文化校园的感染力与亲和力;具有奉献精神、大爱思想、人文情怀、素质素养、阳光心态、健康理念、生命意识、医理背景等特点。净化卫生健康类高职生的心灵,激发其内心深处的美好品质,培养一种积极的高尚情感,培养学生的自觉性和人道主义精神。

---

① 褚詹玄. 古代医学仁爱精神的现代价值[J]. 医学教育探索,2010(1):114-116.
② 童山东. 职业核心能力培养探索[J]. 深圳信息职业技术学院学报,2006(3):60-68.

（三）塑仁心、强仁术、讲奉献、佑健康：卫生健康类高职院校仁爱文化时代解读

卫生与健康工作者担负着"健康所系，性命相托"的神圣职责。对卫生健康类高职生来说，要德智体美劳全面发展，必须培育"敬佑生命、救死扶伤、甘于奉献、大爱无疆"的职业精神。建设仁爱文化是培育卫生健康类高职生职业精神的必由之路，塑仁心、强仁术、讲奉献、佑健康是仁爱文化的时代解读。通过对师生调查，最能体现卫生健康类高职院校老师仁爱的五个词是尊重、奉献、宽容、真诚、责任；最能体现卫生健康类高职院校学生仁爱的五个词是助人、真诚、尊重、善良、诚信。卫生健康类高职院校要汲取以仁爱为主要内容的儒家思想精华，融合传统卫生与健康领域职业道德中的仁爱元素，科学提炼卫生健康类高职院校仁爱的时代价值。

1. 塑仁心

著名肝胆外科专家吴孟超曾说过："医学是一门以心灵温暖心灵的科学。"塑仁心就是要"敬佑生命"，以仁爱之心对待每位学生，以仁爱之心开启每位学生的心灵之门，以仁爱之心施展教育的魅力；培养学生常怀恻隐之心、善良之心、炽热之心、呵护之心，坚守医乃仁术、人道主义、救死扶伤、医患平等，对待服务对象仁爱宽厚、仁爱慈善，全心全意治病救人的善念，至善基础上自发行为的善举；培养学生用爱对待服务对象，对所有的服务对象一视同仁。

2. 强仁术

"医学之父"希波克拉底曾说过："医术是一切技术中最美和最高尚的。"仁术中，仁是前提，术是关键。强仁术就是说要"救死扶伤"必须掌握精湛、高明的医术。老师尽职尽责教书育人，学生尽职尽责学习工作；老师用科学的方法帮助学生，促成学生的成长成才；坚守医乃仁术，秉持"以人为本、选择多样、仁术融合、人人出彩"的教育理念，培养岗位胜任力强的技术技能型健康服务人才，培养学生具备扎实的专业思想、

强烈的事业心，热爱岗位、敬畏工作。

3. 讲奉献

"奉"意思是"献给"，"献"指"把实物或意见等恭敬庄严地送给集体或尊敬的人"，奉献就是"恭敬、庄严地交付、呈献"。讲奉献就是"甘于奉献"，努力做好每一件事、认真善待每一个人；把工作当作分内事，把本职工作当成事业来完成；培养无私的奉献精神，公而忘私、忘我工作；培养勤勉的工作态度、脚踏实地，无怨无悔；培养强烈的事业心，尽职尽责、全心全意；培养吃苦耐劳精神，甘于奉献、乐于助人。

4. 佑健康

健康是指一个人在身体、精神和社会等方面都处于良好的状态，不仅包括拥有健全的心理，而且包括具备社会适应能力。1993年，世界医学教育高峰会议明确规定医生的任务，"应促进健康，防止疾病，提供初级卫生保健。医生要遵守职业道德，热心为病人治病和减轻病人痛苦。"佑健康就是坚持"大爱无疆"，时时做到治病救人，处处彰显人文关怀；理解人、尊重人、关怀人；学会欣赏、乐于分享、善于倾听；忠于职守、服务社会、献身医学，具有强烈的社会责任感。从而达到心灵与心灵的沟通、灵魂与灵魂的交融、人格与人格的对话。①

三、仁爱健康：卫生健康类高职院校仁爱文化的践行

习近平总书记在全国高校思想政治工作会议上强调，要更加注重以文化人、以文育人，广泛开展文明校园创建，开展形式多样、健康向上、格调高雅的校园文化活动，广泛开展各类社会实践。近年来，作为浙江省内唯一的一所卫生健康类高职院校，宁波卫生职业技术学院传承"仁爱、健康"校训，高举仁爱大旗，建设仁爱文化，致力于培养具有创新创业精神的"厚人文、明医理、强技能、高素质"岗位胜任力强的技术技能型卫生

---

① 褚詹玄. 古代医学仁爱精神的现代价值 [J]. 医学教育探索，2010 (1)：114-116.

健康人才，取得了显著成效。

(一) 卫生健康类高职院校建设仁爱文化实践

2010年以来，学院提出以仁爱文化作为学院主导文化，推进社会主义核心价值观内化于心、外化于行，让仁爱成为师生的价值追求和行动自觉。特别是党的十九大以来，学院以习近平新时代中国特色社会主义思想为指导，深入开展中华优秀传统文化、革命文化、社会主义先进文化教育，弘扬卫生与健康工作者职业精神。

1. 以提炼校训为契机，凝练仁爱精神文化

精神文化是核心，可以振奋精神、激励意志，凝聚推动学校科学发展的精神力量。凝聚着学校办学理念和价值导向的大学精神，是学校特有的气质、品位和追求的集中体现。国家教育咨询委员会委员李延保指出："一所学校是一部历史，沉积了各个时期的校园文化生活，记载和延续着学校的学术传统和文化精神。"学院凝练仁爱精神文化，把仁爱精神融入师生的血液和灵魂，内化为师生自觉的精神追求，使之成为全院共同追求的学校精神，形成师生积极健康向上的价值观，从而潜移默化地熏陶师生的思想方法、道德意识、价值取向、行为方式。

1) 凝练以校训为核心内容的仁爱精神文化

以确定校训为源头，以制定章程和召开学院党代会为契机，不断完善学院仁爱文化建设的顶层设计。学院根据办学定位和办学特色提炼校训，积极培育具有卫生健康类高职院校特色的学院精神文化。提炼校训的过程，也是激励师生坚持学院未来发展方向，引领师生为实现学院发展目标而努力奋斗的过程。2013年，学院根据卫生健康类高职院校校训具有厚德、博学、敬业、自信、技高、济世等特点，提炼出了"仁爱、健康"的校训。目前，教育理念深入人心：以人为本、选择多样、仁术融合、人人出彩。

2) 研究具有校本特色的仁爱精神之时代解读

学院在近百年的办学历史中，虽几易校名、几易校址，但仁心仁术的

办学思想和价值追求始终如一股强大的力量支撑着学院科学发展。学院赋予仁爱精神时代内涵和价值要求，培育以"仁爱、健康"校训为内核的学院文化、教师文化和学生文化。2016年，开展仁爱文化大讨论、开展仁爱文化调查，研究具有校本特色的仁爱时代解读。分别调查分析教师层面、学生层面的仁爱精神解读。在此基础上，形成全院共同追求的仁爱精神：尊重、真诚、责任、奉献、宽容、关怀。

2. 以制定制度为引领，健全仁爱制度文化

校园制度文化是完善校园文化建设、提高教育教学质量的有效保障。学院根据学院章程，积极探索并建立符合现代职业教育发展规律和时代要求且具有卫生健康类高职院校特色的现代大学制度。

1）出台彰显仁爱精神的规章制度

制度建设是大学文化建设的重要方面，制度建设的水平充分反映学院的品位和价值取向。学院制定《"十四五"事业发展规划》《"十四五"文化建设规划》等，提出建设仁爱文化传承与创新的新高地、示范区和辐射源。出台《加强学校宣传思想工作文化实施意见》《师德规范》《红十字会"仁爱基金"管理使用办法》《"仁爱之星"评比办法》《奖学金评定办法》等，加快仁爱文化制度建设，引领仁爱文化发展，构建体现大学精神、展现办学历史、融入行业特征、彰显校本特色的学院文化。

2）固化展现仁爱元素的节庆文化

学院固化各类文化活动、庆典等，规范重要典礼、大型活动的流程。"护士节加冕仪式"，通过组织同学们庄严宣誓，激励同学们呵护人类的生命健康。"仁爱文化节"把专业特色与仁爱文化相结合，"技能文化节"号召学生把学院专业特色与仁爱文化相结合。学院2019年通过《教师誓言》，通过每年教师节表彰大会实施新入职教师宣誓和师德承诺制度等，加强师德师风建设，形成敬业爱生的良好教风。

3. 以志愿服务为抓手，提升仁爱行为文化

校园行为文化是学院校园文化的具体表现。实践可以使文化体现在师

生一言一行中，内化到师生生命中。学院打造行为文化校园文化品牌，对学生进行"仁爱、健康"教育，仁爱文化成为品质校园建设的主旋律。

1）开展专业志愿服务

"奉献、友爱、互助、进步"志愿精神与中华传统美德中助人为乐、扶贫济困、乐善好施等激励人们向上向善的仁爱思想相融相通。专业志愿服务依托学院卫生健康类专业优势，把志愿服务融入专业人才培养。学院培育了"爱心天使""青春健康""健康阳光""健康家园"专业志愿服务4个以仁爱主打的校级校园文化品牌，培养学生强烈的社会责任感和奉献精神。2016年，整合2012年成立的志愿服务组织"健康家园"为"宁卫号"健康专列志愿服务项目，作为学院专业化志愿服务建设的新的里程碑，使学生在为社会奉献中获得成长、在为他人服务中提升自己、在专业教学实践中提升服务技能。

2）开展仁爱文化教育

学院把仁爱教育纳入日常教学基本内容。在"思想道德修养与法律基础"教学中，把教学内容分为品悟人生、知性人生和卓越人生三大板块，其中知性人生设置"仁爱：让生命更高贵"等专题。通过组织编写《健康人文》等教材，开发仁爱校本课程。通过"生命起源""生命关怀"等模块设计，培养学生关爱生命、关爱社会、关爱自然、关爱人类的人文情怀；通过开展"生命、感恩、责任、励志""寻找医学世界精神领袖"等主题教育，启迪学生思考生命、关怀生命。学院创设以"仁爱·健康·人文"为主题的思想道德教育和人文素质教育品牌讲座——"华美讲堂"，中央电视台《百家讲坛》主讲人董平等10多位专家讲授《从王阳明那里学习如何做人》《中国传统文化中的"仁爱"思想与社会主义核心价值观》《用爱和知识呵护患者》等。

4. 以特色景观为核心，建设仁爱物质文化

校园物质文化以最外显的方式映射着校园文化，是师生员工共同学习生活的总体环境，是学院文化建设的基础。学院建设物质文化，融实用

性、育人性为一体，呈现自然和人文的和谐之美，使师生自然感悟到一种理念、一种特质和一种精神。

1）建设仁爱文化景观

学院建设校训文化柱、校训石碑，以校训命名为"仁爱路""健康路"，其余道路以近百年办学历史中的学校名称进行命名，建设"华美寻幽、池畔访竹、仁桥问鱼、学府探翠、康河阅柳"等校园五大景点导引牌，将仁爱文化体现在学院角角落落。

2）建设品质校园景观

营造内涵丰富、优美宜人的校园景观，筹建人体生命科学馆、文化长廊等，进一步增强学院的凝聚力、创造力和核心竞争力，展现文化底蕴，发挥文化育人作用。

（二）卫生健康类高职院校建设仁爱文化成效

学院坚持立德树人、创新文化育人载体，把传承中华优秀传统文化作为培育新时代卫生与健康工作者职业精神的"大熔炉""大摇篮"。"传承仁爱文化，铸就育人品牌"被评为浙江省高校文化育人示范载体。"宁卫号"健康专列志愿服务项目获中华传统美德教育优秀成果奖，"青春健康"入选全国文化素质教育（校园文化育人类）优秀案例，"爱心天使"志愿服务队获浙江省青年社会组织志愿服务项目大赛优秀项目奖、全省高校教书育人典型案例，"宁波市志愿服务20周年突出贡献奖"（宁波唯一获此殊荣高校），"爱撒无声"言语康复志愿服务项目获第三届中国青年志愿服务项目大赛银奖、浙江省优秀志愿服务集体。

1. 师生把仁爱文化内化于心，认同仁爱逐步提升

在近百年的办学历程中，学院十分重视传承中华优秀传统文化，仁爱已经成为学院师生共同的文化基因，传承仁爱文化始终是学院文化的显著特征之一。面向全院4500名师生开展的调查显示，建设仁爱文化，使师生对建设仁爱文化高度认同。关于"您对我院校训知晓情况"的调查，三年级、二年级、一年级知晓分布分别为80%、15%、5%，这表明，通过

学院教育，仁爱文化深入师生内心。关于"您认为自己的仁爱思想主要受哪方面影响"的调查，认为"家庭熏陶教育""社会的影响""学校的教育""人性本善"分别占到15%、10%、60%、15%，这表明学院在仁爱文化教育中发挥主渠道作用。关于最有效的仁爱教育方式的调查，80%的师生认为"言传身教"。关于"'仁爱精神'是我国优秀传统文化所追求和向往的品德"的调查，"积极弘扬并做到"占80%。关于"您主动关心、帮助他人吗？"的调查，"经常关心、帮助他人"占90%；对帮助他人的原因，95%的师生表示"无私，不需回报"；85%的师生表示"很乐意当一名光荣的志愿者"。对学院近几年涌现出来的优秀校友，92%的师生表示"以他们为荣，向他们学习"。

2. 师生把仁爱文化外化于行，践行仁爱蔚然成风

通过弘扬仁爱精神、完善仁爱制度、开展仁爱活动、建设仁爱校园，仁爱理念深入师生内心、体现在师生言行中，取得了阶段性成效。建设"仁爱文化"，让"仁爱文化"成为培育卫生与健康工作者职业的"熔炉"和"摇篮"。老师努力做师德高尚、医德高尚的人，教学合格、学生满意的人，有责任感、敢担当的人，每年为经济困难学生进行捐款。学生社会责任感、奉献精神明显增强，自愿献血者日益增多。以仁爱文化为主题的志愿服务，搭建了学生思政教育平台，使学生在为社会奉献中获得成长、在为他人服务中提升自己、在专业教学实践中提升服务技能，实现专业教育和思想政治教育的双赢。仁爱精神作为中国伟大民族精神的重要内容，是大学生思想政治教育的宝贵资源。① 建设仁爱文化，涵育了学生独特气质，搭建了学生成长平台，促进了学生成长成才，使学生深刻体会到社会主义核心价值观的内在精髓，为践行社会主义核心价值观提供了途径和载体。

仁爱文化建设滋养了师生心灵、涵育了师生品行、引领了社会风尚，

---

① 刘灵婷. 论当代大学生仁爱精神的培育[D]. 长沙：中南大学，2014.

取得了显著成效，受到了社会各界广泛好评。建院以来，学院累计为卫生健康领域培养了4万余名毕业生，他们凭借着扎实的专业技能、良好的职业精神和高尚的职业道德深受社会好评，涌现出进入中国好人榜的郑秀丽、被人民网等30多家媒体赞为"美小护"的吕瑞花、26岁生日当天在《中国人体器官捐献志愿书》上签字捐献器官的校友周洪铄、浙江省第620例造血干细胞捐献者孙安旭、民政部最高荣誉"孺子牛奖"获得者陈亚萍，以及全国卫生健康系统新冠肺炎疫情防控工作先进个人程嘉斌、全国抗疫先进个人阮列敏。仁爱文化育人成效被《光明日报》《中国青年报》《健康报》、新华社、《人民日报》等媒体聚焦。

塑仁心、强仁术、讲奉献、佑健康——宁波卫生职业技术学院建设仁爱文化、培育职业精神的理论与实践

附件1 全国卫生健康类高校校训汇总

本科高校

序号	校名	校训
1	北京中医药大学	勤求博采 厚德济生
2	首都医科大学	扶伤济世 敬德修业
3	滨州医学院	仁心 妙术
4	济宁医学院	明德 仁爱 博学 至善
5	潍坊医学院	乐道济世
6	大连医科大学	甚解 敏行 明仁 济世
7	辽宁医学院	厚德修身 精术济世
8	沈阳医学院	博学洁行 厚德济世
9	陕西中医学院	精诚仁朴
10	新乡医学院	明德博学 至爱致用
11	广州中医药大学	厚德博学 精诚济世
12	南方医科大学	博学 笃行 尚德 济世
13	广东药学院	药学中西 医道济世
14	成都医学院	博学博爱 精益求精
15	上海中医药大学	勤奋 仁爱 求实 创新
16	吉林医药学院	博学厚德 扶伤济世

高职院校

序号	校名	校训
1	北京卫生职业学院	厚德 励学 宏仁 笃行
2	菏泽医学专科学校	悬壶济世 孜孜以求
3	山东中医药高等专科学校	励志笃学 厚德济生
4	辽宁卫生职业技术学院	修德笃学 尚能济世
5	南阳医学高等专科学校	崇仁 厚德 恒志 精术
6	湖北中医药高等专科学校	博学 仁爱 善思 笃行

续表

序号	校名	校训
7	沧州医学高等专科学校	厚德笃学 博爱精医
8	四川卫生康复职业学院	大仁求学 大医济人
9	黑龙江护理高等专科学校	明德怀仁 励学敬业
10	浙江医科高等专科学校	求真 博爱
11	宁波卫生职业技术学院	仁爱 健康
12	安庆医药高等专科学校	仁德笃学 精业济世
13	皖西卫生职业学院	格物至德 仁术济世
14	安徽中医药高等专科学校	厚德 博学 济世 日新
15	邵阳医学高等专科学校	明德 慎思 博学 济世
16	长沙卫生职业学院	勤勉 慎独 仁爱 精诚
17	湖南中医药高等专科学校	仁和精诚 笃行致远
18	白城医学高等专科学校	自强 厚德 仁爱 济世
19	江西护理职业技术学院	仁爱 责任 精业
20	昆明卫生职业学院	明德博学 慎思济世
21	山西药科职业学院	修德济世 精业立身
22	运城护理职业学院	精业尚能 厚德济生
23	遵义医药高等专科学校	勤学敏思 精业济世
24	新疆维吾尔医学专科学校	博学 精术 爱国 济民

附件2 走上华美讲堂的专家学者及题词

中央电视台《百家讲坛》主讲人董平：华美讲堂展示华美人生

山东师范大学文学院副院长孙书文：仁爱健康，华夏更美

浙江省首位南丁格尔奖章获得者邹瑞芳：仁爱、健康

中央电视台国家一级演员章金莱：弘扬西游文化，传承猴王精神

里约奥运会冠军石智勇：仁爱于心，健康于行

全国"教书育人"十大楷模姜小鹰：传承历史，再创佳绩

"全国道德模范"孙茂芳：华美涵仁爱，学府育桃李

周恩来的最后一任秘书纪东：浮舟沧海，立马昆仑

中央电视台著名主持人敬一丹：做一个记录者

第42届南丁格尔奖章获得者王文珍：九十三载辉煌历史结硕果，跨世纪桃李满天下

全国道德模范陈淑芳：祝师生们学习一辈子，快乐一辈子

全国"最美志愿者"周秀芳：伸出你的手去帮助那些需要帮助的人！感恩你！

中国当代著名作家叶兆言：有教无类

第46届南丁格尔奖章获得者杨辉：护理是生命的守护、是爱的修行；技术是舟、情感是桨；爱人如己；不是行护而是心护

全国抗击新冠肺炎疫情先进个人阮列敏：学习抗疫精神，维护职业荣光

全国劳动模范王斌：辛勤劳动、诚实劳动、创造性劳动

全国先进工作者陈淑芳：劳动光荣、劳动伟大、劳动崇高、劳动美丽

全国先进工作者戴世勋：持之以恒，做好一件事

全国党建研究会特邀研究员肖纯柏：弘扬红船精神，不忘初心使命

附件3 2011年以来媒体报道师生践行仁爱文化新闻目录

2011年媒体报道

1. 《现代金报》 本报率先报道的余耿学成感动宁波高校十大人物
2. 《鄞州日报》 "90后"女孩爱心陪伴危重病人
3. 《鄞州日报》 为空巢老人提供免费专业护理
4. 鄞州广播电视台 天一职业技术学院爱心套餐暖人心
5. 《宁波日报》 天一职业技术学院"爱心套餐"暖人心
6. 《东南商报》 "爱心套餐"温暖贫困学子
7. 《鄞州日报》 天一职业技术学院"爱心套餐"暖人心
8. 《宁波日报》 "爱心套餐"可育人
9. 《宁波晚报》 为敬老院老人零距离服务
10. 《东南商报》 甬城社区掀起慈孝报名热
11. 宁波电视台 征集慈孝故事：关怀生命的"爱心天使"
12. 《东南商报》 十大优秀倡导员引领慈孝新风
13. 《宁波日报》 关爱社会关爱他人，大学生在行动
14. 《鄞州日报》 "爱心天使"让生命走得温暖
15. 《东南商报》 慈孝回访之旅感动慈孝倡导员
16. 宁波人民广播电台 陈君艳同学寻访感动中国十大人物的时代偶像洪战辉
17. 宁波人民广播电台 《金色年华》直播宁波天一职业技术学院"爱心天使"
18. 《宁波日报》 天使的微笑照亮灰暗生命
19. 《宁波日报》 当代中华最感人的十大慈孝人物评出"赡养哥"姜旭东当选
20. 《鄞州日报》 敬老院里十六载床头照片寄思念
21. 《现代护理报》 "关爱空巢老人"项目入围鄞州区首届公益创投大赛

2012年媒体报道

1. 《宁波晚报》　　爱心围巾送给百岁老人
2. 《现代金报》　　收到围巾，105岁的老奶奶笑
3. 《东南商报》　　我市各学校涌现出一批又一批雷锋式人物
4. 中国宁波网　　江北建立"慈孝超市"居家保健志愿服务基地
5. 全国老龄工作委员会办公室　　宁波江北："孝心助老"志愿服务项目启
6. 《宁波晚报》　　江北区建起首批8个"慈孝超市"
7. 《现代金报》　　"3+X"模式满足老人个性需求
8. 《东南商报》　　江北首批"慈孝超市"陆续开张
9. 《浙江日报》　　宁波江北：开设"慈孝超市"
10. 《健康报》　　宁波打造"慈孝超市
11. 《宁波日报》　　病房里一抹亮丽的橙色
12. 《东南商报》　　宁波市高校校园文化品牌出炉
13. 《东南商报》　　宁波一大学生杭州急救昏倒病人
14. 中国教育新闻网　　宁波卫生职技学院合作打造浙江首家"慈孝超市"
15. 《现代金报》　　结"对子"抗"癌魔"
16. 《宁波日报》　　"阿姨，您一定能战胜癌症！"
17. 人民网　　连闯红灯救人 希望交警亮"绿灯"
18. 《现代金报》　　伤者已清醒，很想见到好心人
19. 《东南商报》　　医生路遇车祸，现场施救又送伤者去医院
20. 《现代金报》　　继四位最美姑娘后，宁波街头又现最美口腔医生
21. 《宁波日报》　　网友赞其"最美医生"
22. 《宁波晚报》　　她终于见到了救命恩人
23. 《都市快报》　　@鄞州交警：能将我闯红灯记录抹去吗？

24.《东南商报》 好人谢静忠到医院看望伤者

25. 中国广播网 宁波牙医路遇车祸勇救伤员被誉"最美牙医"

26.《中国教育报》 宁波卫生职院教师谢静忠勇救车祸受伤女子

27. 新华网 宁波"最美牙医"路见伤者施援手 诠释医者仁心

28. 人民网 宁波街头又现"最美"这次是名口腔医生

29.《光明日报》 谢静忠：宁波"最美医生"

30. 中广网 宁波"最美牙医"勇救伤者 本能背后是德育的必然

31.《京华日报》 宁波一牙医援手街头伤者

32. 中国宁波网 "最美教师"和"最美学生"演绎大爱故事

33.《东南商报》 "最美男教师"传递冬日温暖

34. 宁广早新闻 最美师生演绎最美故事

2013年媒体报道

1.《中国教育报》宁波卫生职业技术学院打造社区"健康家园"志愿服务平台

2.《中国教育报》 到社区用所学服务他人

3.《东南商报》 妈妈知道公益平台进社区服务

4.《宁波日报》 用爱心叩响无声世界

5.《浙江教育报》 宁波卫生职业技术学院义务帮助孩子康复训练

6.《宁波日报》 让世界更"动听"

7.《现代金报》 言语康复志愿者为听力受损孩子进行康复训练

8.《宁波日报》 爱心在健康服务中传递

9.《东南商报》 宁波卫生职业技术学院学生怀揣专业技能和满满爱心

10.《宁波日报》 记宁波卫生职业技术学院教师谢静忠

11.《宁波晚报》 一群大学生志愿者帮助听障儿童康复训练

12. 中国宁波网 宁波有群爱心志愿者义务帮助言语障碍患者康复

13.《浙江教育报》 言听康复协会帮助孩子进行恢复训练

14.《宁波日报》 帮助聋儿迈向有声世界

2014年媒体报道

1.《浙江日报》 志愿服务爱撒无声

2.浙江电视台 浙江电视台采访报道我校"爱撒无声"言语康复志愿服务

3.《宁波晚报》 贴心杨妈

4.《宁波晚报》 图说：孝心助老志愿服务队服务社区

5.《东南商报》 "爱撒无声"言语康复志愿服务队助听障儿童康复训练

6.《东南商报》 孝心助老

7.《东南商报》 独居的王爷爷有了自己的"孙女"宁波卫生职业技术学院学生志愿服务让"空巢"变"暖巢"

8.中国宁波网 青少年"雷锋"活跃在宁波 "爱撒无声"传递有声的爱

9.《鄞州日报》爱心在传递和"星星的孩子"一起游戏

10.《鄞州日报》 为爱心公益奔波

2015年媒体报道

1.《东南商报》 让生命和爱在别人身上得到延续——宁波卫生学院毕业生周洪铄26岁生日当天在《中国人体器官捐献志愿书》上签字

2.《浙江教育报》 宁波卫生职业技术学院承办鄞州区首届成人礼献血活动

3.《现代金报》 宁波举行首届成人礼无偿献血活动

4.《鄞州日报》 唱响青春担当责任我区举行无偿献血"五四成人礼"活动

5. 人民网　宁波市举行首届成人礼无偿献血活动

6. 新浪浙江　宁波卫生职业技术学院承办市首届成人礼献血活动

7.《宁波日报》　首届成人礼无偿献血活动举行

8.《东南商报》　唤醒无声的世界

9. 浙江电视台　宁波卫生职业技术学院康复和言听专业学生暑期社会实践助力社区残疾人士和弱智儿童

10. 人民网　宁波女大学生成功抢救列车上一心脏骤停乘客

11.《钱江晚报》　心跳骤停的女乘客又有了呼吸

12.《浙江教育报》　宁波卫生职院女生获乘客点赞

13. 中国新闻网　宁波卫生职业技术学院女大学生吕瑞花列车上救心跳猝停乘客

14.《宁波日报》　准护士：列车上施救心跳骤停乘客

15.《宁波晚报》　宁波女大学生义举让大家纷纷为她点赞

16.《东南商报》　宁波女大学生实施3次心肺复苏救人

17.《现代金报》　"我很开心，自己能救回一条命"

18.《平凉日报》　吕瑞花火车"救人记"

19.《东南商报》　一名临终关怀志愿者的成长史

20. 宁波电视台　我校爱撒无声志愿者服务队荣获2015年市慈善奖

21.《宁波晚报》　"爱撒无声"志愿服务持续3年帮助70多名听障孩子走进有声世界

22.《鄞州日报》　"爱撒无声"让72名患儿"有声"

2016年媒体报道

1. 光明网　郑秀丽入选1月中国好人榜

2.《宁波通讯》　仁爱健康花开校园

3. 宁波教育　宁波卫生职院这名女学生　一列火车三次连救两乘客

4. 甬派客户端　为宁波"美小护"点赞！列车上三次连救两乘客

5. 中国蓝新闻　宁波卫生职院美小护了不起 一列火车三次连救两乘客

6.《现代金报》　宁波"美小护"坐火车三次救乘客

7.《鄞州日报》　宁波学子旅游归途三度救助乘客

8.《宁波晚报》　旅途中4小时内3次参与救人 宁波卫生职院"美小护"王玲超了不起

9.《宁波日报》　宁波卫生职院一名"小护士"坐火车连救两乘客

10.《东南商报》　"美小护"火车上一晚连救两人

11. 央广网　医学院学生毕业旅行途中三次救人 留下刻骨铭心记忆

12. 中国之声　宁波最美"美小护"火车上三次救人

13.《呼和浩特晚报》　"美小护"坐火车三次救乘客

14. 人民网　宁波有位王玲超，乐于助人美姑娘

15. 百度百科　王玲超

16. 浙江在线　坐了一晚上火车救了三次人 为这个宁波准护士点赞

17.《宁波日报》　"美小护"的传承之美

18.《慈溪日报》　旅途中一晚上三次参与救人 40多家媒体赞其"美小护"

19.《浙江教育报》　宁波卫生职院学生被点赞

20. 宁波教育　宁波卫生职院三名学生实习路上急救女孩

21.《现代金报》　实习途中遇见倒地不起的女孩 准男护士奔跑500米背其上医院

22. 甬派客户端　实习途中路遇倒地女孩，消瘦的宁波男小护背起她狂奔500米

23.《鄞州日报》　宁波三位准护士背病人狂奔500米

24.《宁波晚报》　路遇紧急病患实习男护士背起病人狂奔送医

25.《宁波日报》　近千名学生开展11个志愿服务项目 宁波卫生职院启动志愿健康"专列"

26.《鄞州日报》　"宁卫号"健康专列启动

27. 宁波教育　宁波卫生职院这个服务队爱撒无声世界

28.《现代金报》　近千名大学生参与健康志愿服务活动

2017年媒体报道

1.《宁波晚报》2016年度"最美宁波人"评选即将截止 4 位教育系统师生请您来投票

2. 宁波教育　卫生职院学子用专业技能和爱心助这群孩子走入有声世界

3. 凤凰网　宁波高校"骄子情怀 热血青春"爱心献血活动昨日启动

4. 中国宁波网　宁波血站发出感谢：谢谢高校大学生无偿献热血

5. 甬派客户端　下班路上跪地抢救车祸老人，宁波这位护士好有爱

6. 中国宁波网　一晚三度救人 宁波实习护士王玲超上榜"中国好人榜"

7. 宁波教育　一晚三度救人，宁卫毕业生王玲超上榜"中国好人榜"

8. 凤凰网　宁波高校一老师杭州出差途中救人获网友疯狂打 call

9.《宁波晚报》　高校老师出差途中救人

10.《现代金报》　宁波高校一老师杭州出差途中救人获网友疯狂打 call

11.《鄞州日报》　宁波卫生职院老师出差途中救人

12.《宁波日报》　宁卫院一老师出差途中救人获网友疯狂打 call

13. 宁波教育　主角是宁波卫生职院毕业生的这段沙画视频　登上了央视，赢得千万次视频点击量

14. 鄞响客户端　元旦送温暖，空巢变暖巢

15.《宁波日报》　冬日献爱心 空巢变暖巢

2018年媒体报道

1. 中国网　宁波卫生职业技术学院"宁卫号"健康专列　助力"健康宁波"建设

2. 焦点访谈　《焦点访谈》聚人气 扬正气

3. 新华网　浙江宁波："爱心天使"坚持十载 关爱社会送春风

4. 《中国教育报》　宁波卫生职院学生寒假开展志愿服务　"爱心天使"传递温暖的力量

5. 中国教育报　学生志愿者关爱老党员

6. 凤凰网宁波　感动甬城10多万网友的金中梁 退休前是教书育人好园丁

7. 《人民日报》百家号　感人！宁波老中医金中梁离世 十多万网友悼念

8. 《宁波日报》　两年前，因啃烧饼加班他成了"网红"就在去世前一天，他还为80多名患者看病　老中医金中梁离世引发十多万网友悼念

9. 《现代金报》　曾感动整个甬城的好医生金中梁离世　退休前是教书育人好园丁 10余万网友哀悼金老

10. 甬派客户端　每天工作十几个小时的余姚好医生走了，网友写下滚烫的留言

11. 浙江文明网　"烧饼医生"金中梁去世 市民纷纷怀念

12. 中国宁波网　感动甬城10多万网友的金中梁 退休前是教书育人好园丁

13. 浙江在线　感人！宁波老中医金中梁离世 十多万网友悼念

14. 本地头条　宁波老中医金中梁离世引发十多万网友悼念

15. 新蓝网　感动甬城网友的老中医金中梁 退休前是教书育人好园丁

16. 余姚发布　老中医金中梁离世引发十多万网友悼念

17. 搜狐网　曾感动整个甬城的好医生金中梁离世

18. 凤凰网　因一张饼感动宁波的好医生走了 他曾工作过的学校这样说

19. 浙江在线　因一张饼感动宁波的好医生走了 他曾工作过的学校这样说

20.《中国青年报》　一名老中医离世感动百万网友

21.《现代金报》　宁波一高校去余姚横坎头村送健康

22.《都市快报》客户端　全国首个青春健康志愿服务总队落户宁波 四所高校授牌成为市预防艾滋病试点高校

23.《宁波晚报》教育周刊　全国首个青春健康志愿服务总队成立 开展各类遏制与防治艾滋病行动

24.《都市快报》客户端　市民们为他们点赞，这所学校师生志愿者团队送健康知识进社区

2019年媒体报道

1.《都市快报》　23岁120急救中心调度员 电话指导年轻父亲十分钟成功接生

2. 宁聚　被央视点赞！宁波一所高校走出一位"远程接生"的95后姑娘

3. 浙江新闻客户端　央视点赞！宁波高校走出的95后姑娘"远程接生"

4. 鄞响客户端　被央视点赞！这位"远程接生"的95后姑娘，毕业于宁波这所学校

5. 中国宁波网　被央视点赞！宁波一高校走出一位"远程接生"的95后姑娘

6. 浙江热线　被央视点赞！宁波一高校走出一位"远程接生"的95后姑娘

7.《宁波日报》　被央视点赞！宁波一高校走出一位"远程接生"的

95后姑娘

8.《宁波晚报》 95后姑娘电话"远程接生"被央视点赞！她毕业于宁波的高校老师对她的评价是低调踏实

9. 甬派客户端 央视点赞！宁波95后120调度员，电话指导准爸爸10分钟顺利接生

10. 宁波教育 央视点赞！宁波卫生职业技术学院走出的95后姑娘"远程接生"

11.《现代金报》 95后宁波学生缘何赢得全国网友点赞？

12.《宁波日报》 "95后"姑娘缘何 赢得很多网友点赞

13. 甬派客户端 全省唯一！宁波这位院长获民政部最高荣誉"孺子牛奖"

14. 浙江新闻客户端 "孺子牛奖"全省唯一获奖者陈亚萍，她的母校说……

15. 甬派客户端 宁波人陈亚萍获民政部最高荣誉奖，母校为她点赞

16. 新蓝网·浙江网络广播电视台 这个宁波人真牛 她是浙江今年唯一"孺子牛奖"得主

17.《现代金报》 从学生到院长，这个宁卫校友真牛 她是浙江今年唯一"孺子牛奖"得主，还受到总理接见

18.《鄞州日报》 陈亚萍获民政部最高荣誉"孺子牛奖" 她是宁波卫生职业技术学院1989届毕业生

19. 宁波广电App 捐献造血干细胞没那么可怕！宁波一高校开展造血干细胞志愿捐献者招募活动

20. 鄞+客户端 宁卫职院122名学子参与造血干细胞采样

21. 甬派客户端 今天，宁波122名大学生成了造血干细胞捐献志愿者131

22.《宁波日报》 为护士节送上一份特殊贺礼 122位"准护士"登记 成为造血干细胞捐献志愿者

23.《宁波晚报》 裘秀菊 38 年工作生涯见证护理学科发展 护士从打针发药到出门诊搞科研

24. 宁晚融媒 大学生义务献血

25. 宁晚融媒 城际列车上来了群大学生志愿者 乘客对他们的健康服务点赞

26.《中国教育报》 宁波卫生职业技术学院青春健康行 温暖乘客心

27.《宁波晚报》 大学生城际列车上 为旅客提供健康服务

28.《宁波日报》 开学第一课给乘客送健康

29. 宁晚融媒 这所高校喜获中华传统美德教育优秀成果奖

30. 宁晚融媒 医学生第一课：怀感恩之心

31. 鄞响客户端 来，看看医学生的第一课怎么上的

32.《浙江工人日报》 开学第一课：服务群众

33.《浙江工人日报》 敬佑生命之重，感受生命之美

34.《宁波晚报》 "一校一品"全国仅 10 所职业院校入选 宁波这所高校榜上有名

35.《浙江教育报》 流动的医学课堂

2020 年媒体报道

1.《浙江教育报》 我来教做眼保健操

2.《宁波晚报》 校友驰援武汉 母校师生为他们加油

3. 钱江晚报·小时新闻 党员带头上！宁卫职院首批志愿者今起在高速出口测量体温

4. 甬上 App 宁波卫生职业技术学院首批党员志愿者 今起在高速出口测量体温

5.《浙江工人日报》 卫生学院 党员志愿者在行动

6. 中国教育新闻网 宁波卫生职院 89 名志愿者 24 小时值守测温

7. 光明网 宁波卫生职院 89 名志愿者 24 小时值守测温

8. 甬上App "模范夫妻"雨夜值班……宁波卫生职业技术学院师生志愿者奋战在"疫"线

9. 钱江晚报·小时新闻 夫妻搭档的、膝盖不好的、不会开车的……宁卫职院"抗疫"志愿者已就位

10.《浙江工人日报》 寒风里,你的身影最美 宁波卫生职业技术学院师生志愿者接力战疫

11. 甬上App 宁波卫生职业技术学院00后准护士"疫"线守护家园

12. 浙江新闻客户端 89位师生24小时值守 宁波高校师生奋战"疫"线

13. 甬上App "我的两个学生驰援武汉了"宁波又有一批"白衣战士"逆风而行

14. 浙江新闻客户端 他们的朋友圈再次被刷屏:母校盼你平安归来

15. 甬上App 特殊时期养老院闭门了 这位22岁大学生坚守岗位提供专业健康防护

16.《钱江晚报》 为在"抗疫"期里让老人过好年,这位"95后"放弃回家,坚守在养老院实习岗

17.《中国教育报》 放弃封闭前回家 宁波卫生学院学生坚守实习岗位 服务养老院

18. 甬派客户端 每天坚守养老院实习岗,一天走两万多步!22岁大学生好样的

19.《浙江工人日报》 报告母校,我去驰援湖北了

20. 凤凰网宁波 奋战"疫"线的父女兵——一位防疫志愿服务大学生的暖心故事

21. 甬上App 校友奔赴湖北一线 学生参与志愿服务 这所高校的护理学院棒棒哒!

22. 甬上App 这一个个金光闪闪的名字,母校为你自豪!浙江援鄂医务人员中,这所高校的校友超过50位

23. 浙江在线　厉害了！这所高校浙江援鄂医务人员校友超过50位

24. 甬上App　宁波一高校学生云合唱《一直到黎明》致敬湖北一线医护人员

25.《现代金报》　厉害 浙江支援湖北的医务人员 这所高校校友超50位

26.《鄞州日报》　临终关怀：人生终点的暖阳

27.《宁波晚报》　地铁上，一位女士突然倒地全身抽搐 危急时刻，这位大学生冲了上去……

28.《现代金报》　温暖！宁波这位大学生 地铁救乘客

29. 人民日报客户端　地铁上，一位女士突然倒地全身抽搐！危急时刻，宁波这位大学生冲了上去

30. 新华社客户端　危急时刻，宁波这位大学生冲了上去

31. 甬派客户端　温暖！宁波这位大学生地铁救乘客

32. 中国教育新闻网　宁波卫生职院一大学生在地铁勇救乘客

33.《中国教育报》　宁波卫生职院女生地铁急救患病乘客

34.《钱江晚报》　送健康、送服务、送技术……宁波派出医疗志愿服务队帮扶贵州普安县

35. 中国教育新闻网　宁波卫生职院医疗志愿队赴贵州普安县送健康服务到群众家门口

36. 甬上App　送健康 送服务 送技术，宁波的医疗志愿服务队来到贵州普安县

37.《浙江工人日报》　送关爱暖父老乡亲 留技术助"迷弟迷妹"

38. 甬派客户端　翻墙后接连用救生圈和树枝，宁波一大学生勇救落水儿童

39.《鄞州日报》　小学生不慎落水 大学生奋力施救

40. 甬上App　小学生失足落水，家长急寻一上午！所幸被这所学校的大学生救了

41.《中国教育报》　宁波卫生职院大学生勇救落水儿童

42.《鄞州日报》　132名准护士加入造血干细胞捐献队伍

43.《现代金报》　将遗体捐献给学校 夫妻俩甘当"无语良师"宁波这所高校第一课：让学生感受生命的意义

44. 浙江新闻客户端　世界解剖日感恩"无语良师"宁波这所高校这样上开学第一课

45. 甬派客户端　世界解剖日 宁波这所高校第一课让学生懂得感恩"无语良师"

46. 人民日报客户端　夫妇甘当"无语良师"，宁波这所高校第一课让学生感受生命之意义

47. 甬派客户端　"一年多，我就实现了救人的心愿！"宁波小伙捐献造血干细胞

48. 浙江新闻客户端　宁卫院这位"95后"新宁波人 用爱浇灌生命

49.《鄞州日报》　95后小伙成我区第20例造血干细胞捐献者"我只是做了一件平凡的事情"

50. 学习强国宁波晚报学习平台　点赞！宁波卫生职业技术学院"宁卫号"健康专列4年志愿服务近万人次

51. 人民日报客户端　千里送医暖人心 宁波高校教师传递医疗帮扶"接力棒"